情满热土

颜真源 / 著

云南出版集团
云南人民出版社

图书在版编目（CIP）数据

情满热土 / 颜真源著. -- 昆明 : 云南人民出版社,
2017.8
ISBN 978-7-222-16375-1

Ⅰ.①情… Ⅱ.①颜… Ⅲ.①中国文学-当代文学-作品综合集 Ⅳ.①I217.2

中国版本图书馆CIP数据核字(2017)第182175号

出 品 人：赵石定
责任编辑：刘诚林　陈　晖
装帧设计：刘光火
责任校对：陈　晖
责任印制：洪中丽

情满热土
颜真源　著

出　版　云南出版集团　云南人民出版社
发　行　云南人民出版社
社　址　昆明市环城西路609号
邮　编　650034
网　址　www. ynpph. com. cn
E-mail　rmszbs@ public.km.yn.cn
开　本　787 × 1092　1/16
印　张　11.75
字　数　180千
版　次　2017年8月第1版第1次印刷
印　刷　昆明卓林包装印刷有限公司
书　号　ISBN 978-7-222-16375-1
定　价　25.00 元

云南人民出版社公众微信号
如有图书质量及相关问题请与我社联系
审校部电话：0871-64164626
印制科电话：0871-64191534

序

王军健[1]

2016年国庆节期间，颜真源兄给我送来了他的又一本集著《情满热土》的打印稿，嘱我审改并作序。真源兄与我的夫人系云南师范大学的同学。早年间，他们这群“函大”同学时常聚会，因为我与他们中的好几位不仅熟识，而且是志同道合的朋友，便被当作“不是同学的同学”多次受邀参加活动，与真源兄也就多有过从。兄长之命，理当遵从，“审改”不敢当，“作序”则难以推托了，遂应承了下来。

在我的印象中，真源兄可谓是笔耕甚勤、成果颇丰的农垦文化人，之前曾有集著《溪水弯弯》问世，他曾签名赠我一册。我捧读再三，很受启迪。2012年至2014年，我主持国家教育部的科研项目《边疆民族地区外来移民的地域认同和国家认同》，其中一类重要的外来移民，即“毛主席的故乡人”——湖南支边青壮年。我将真源兄作为这类移民的代表进行了深度访谈，并请他撰写了移民家庭史，即收入《情满热土》的《千丝万缕西双版纳情》。真源兄对我的研究工作给予了很大帮助，而我也对他的勤于笔耕和出众的文采留下了深刻印象。

现在，真源兄的新著《情满热土》的打印稿摆在了我的案头，再次印证了他的勤奋和文采。翻阅数遍后，我的一个突出感受是，全书贯穿着一个大写的“情”字。刘勰在《文心雕龙·神思》中提出：“观山则情满于山，观海则情溢于海。”我的理解，无论是优秀的作家还是精美的诗文，无论是写人叙事还

① 王军健：教授（二级），享受国务院政府津贴专家，云南省有突出贡献的哲学社会科学专家。

是绘景描物，都应该做到“情满于山”，“情溢于海”，情倾于人，情注于事。我认为，真源兄的《情满热土》较好地做到了这一点。

“激情走笔”收录的是真源兄新近所写的4篇散文，倾诉了“敢闯‘禁区’的开拓者”在“中秋月圆时”的“千丝万缕西双版纳情”，文中抒发的垦荒豪情、认同深情和家人亲情，可谓激情四溢，当会深深地打动和影响读者。

“真情纪实”收录了真源兄的9篇通讯作品。我个人的意见，无论是文学创作还是新闻写作，突出一个“情”字是必须的。细心的读者不难发现，这些通讯所描写的人物，全都是从溢绿流翠的橡胶林中走出来的各方各面的英模才俊，其中有被称为“豹子阿姨”的农垦工人陈秀英，有“青春在胶林中闪光”的省劳模付跃云，有深度融入西双版纳的湖南移民后代俊平（见《米凉粉传奇》），有“守望妻子健康的丈夫”彭汝明，有“敢立潮头创伟业”的场长周兵生，有“平民外交‘官’”李登科……可以说，真源兄在记写这些人物时倾注了一腔感佩敬仰的深情。情动于中，自然溢于文辞。应该说，真源兄较好地表现了这些英模才俊对祖国、对边疆、对农垦事业、对各族乡亲、对亲人朋友的热爱、眷恋之情。“无情未必真豪杰”。我们应该为有情的作家、有情的作品和有情的人物形象点赞！

“纵情放歌”收录的是真源兄创作的散文诗，读者可以从中体察真源兄广阔的创作视野和深沉的家国情怀，涉及的有“全国优秀共产党员”杨善洲、“模范践行群众路线的老县长”高德荣、“新时期共产党人的楷模”岩嫩、德高望重的老州长召存信……我认为，散文诗应该也必须追求意境的深远、韵味的悠长、构思的精巧。真源兄在这方面作了很多努力，可圈可点的地方比比皆是；而且，这些散文诗记写的是真人（忠诚干净担当之人），描述的是真事（为党为国为民鞠躬尽瘁之事），抒发的是真情（热爱、敬仰、歌颂之情）。毫无疑问，这些记写真人、描述真事、抒发真情的散文诗，是值得读者反复诵读、细心品味的！

《情满热土》出版在即，应真源兄之嘱拉拉杂杂写了如上这些话权以为序。热烈祝贺真源兄新著问世，衷心祝愿真源兄身笔两健！

2016年10月18日于两不斋

弯弯溪水流入傣乡各族人民的心田

召存信

2012年2月22日

老州长给《溪水弯弯》一书题词

老州长召存信（1992.9）

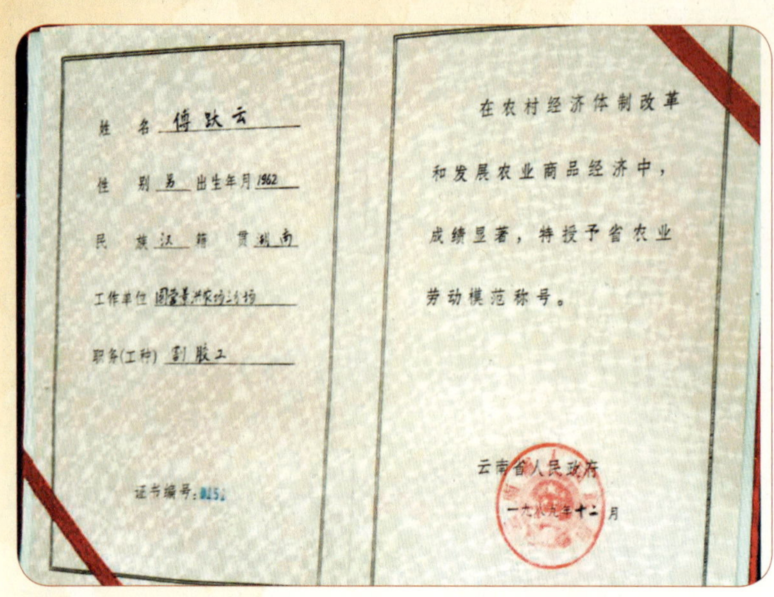

姓　　名 傅跃云

性　　别 男 出生年月 1962

民　　族 汉 籍　　贯 湖南

工作单位 国营景洪农场[illegible]

职务(工种) 割胶工

证书编号：015[illegible]

在农村经济体制改革和发展农业商品经济中，成绩显著，特授予省农业劳动模范称号。

云南省人民政府

一九八九年十二月

省劳模付跃云

玉叫（米凉粉出锅）

米凉粉外运

姓　名　周兵生
性　别　男　出生年月　1950年4月
民　族　汉　籍　贯　湖南祁东
工作单位　勐捧农场
职务（工种）　场长

证书编号　0813

在四化建设中，
成绩显著，特授予
省劳动模范称号。

一九九七年四月

省劳模周兵生

奖状

李登科同志：

在接待安置印支难民工作中，成绩突出，被评为先进个人，特发此证，以资鼓励。

云南省农垦总局

奖状

李登科同志：

在一九……年……中，成绩显著

被评为……

特发此证 以资鼓励

奖状

李登科 同志：

在遣返在华老挝难民工作中、成绩显著、被评为先进个人。

特发此证、以资鼓励。

西双版纳傣族自治州人民政府

一九九七年十二月十日

奖状

李登科同志：

在遣返在华老挝难民工作中，成绩突出，被评为先进个人，特发此证，以资鼓励。

云南省农垦总局

一九九七年十二月一日

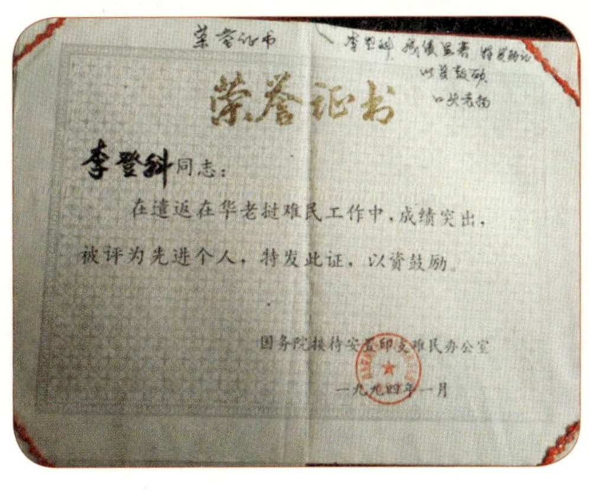

荣誉证书

李登科同志：

在遣返在华老挝难民工作中，成绩突出，被评为先进个人，特发此证，以资鼓励。

国务院接待安置印支难民办公室

一九九四年一月

民族外事工作者李登科

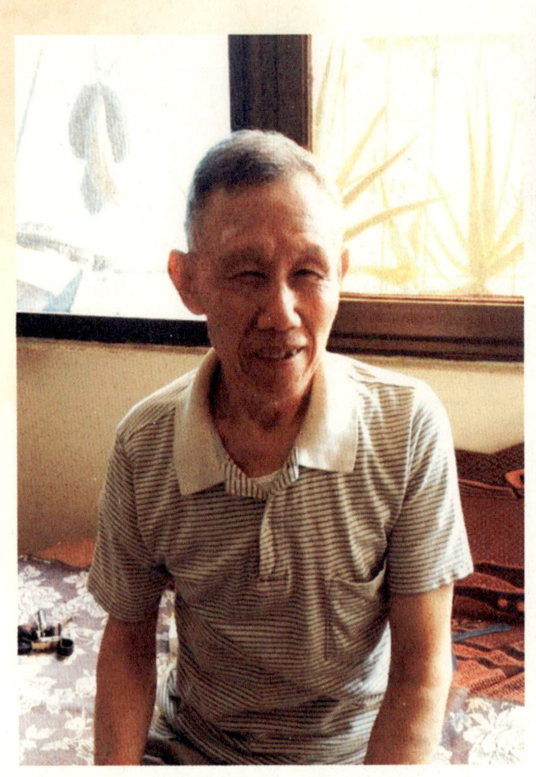

云南省公安、治保工作先进集体、积极分子代表大会

奖状

周开伙同志，努力学习马克思主义、列宁主义、毛泽东思想，认真贯彻毛主席的无产阶级革命路线，在加强无产阶级专政的斗争中作出了贡献，特发此状。

一九七五年二月九日

奖状

周开伙同志：

你被评选为农垦公安保卫战线先进工作者，望再接再励，争取更大光荣。

云南省农垦总局　云南省公安厅

一九八九年十二月

省公安保卫先进工作者周开火

广药集团

作家鄢家俊

中国作家世纪论坛
纪念
授予：鄢家骏
全心全意为人民服务
全国行业标兵人物

授予
中国文艺

新能源杯国际散文诗大赛
优秀文学作品

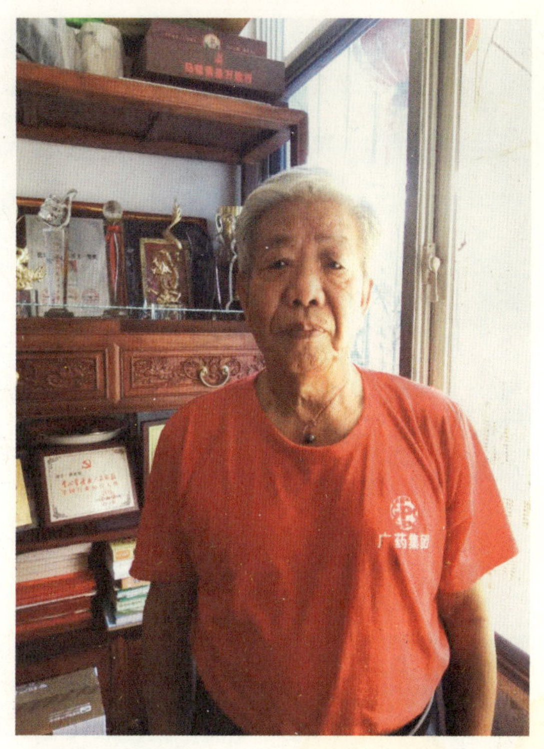

会员代表合影

邓刚桥（左一）孙清龙（左二）黄康雄（左三）甘霖副省长（中）刘云湘（右一）

西双版纳州湖南商会捐助公益事业

湖南省政法领导（右排）到州湖南商会座谈

国营黎明农场1955年创业中人拉犁场景

湖南青壮年支边55周年茶话会（州湖南商会资助）

目 录

激情走笔（散文）

敢闯“禁区”的拓荒者

——纪念湖南青壮年支边五十周年

继1959年12月一万多名湖南醴陵青壮年支边到云南后，湖南祁东近一万人，祁阳六百名青壮年毅然告别故土和家乡的亲人，携儿带女，扶老携幼，前往云南省的最南端与东南、西南之边陲。

一

这支庞大的队伍拉家带口，奋勇前行！他们是去幸福的“伊甸园”吗？不！不！他们是去昔日人们望而生畏，谈疆色变的“疫区”“瘴区”“瘴疠之地”。不知历史上溯多少年，就有人编起了这样的顺口溜：“要到潞江坝，先把老婆嫁”；“要到思茅坝，先把老婆嫁”；“要到橄榄坝，先把老婆嫁”……

不知还有多少这样的顺口溜，没有统计过。

为什么？因为你要前往“瘴疠之区”，九死一生。把老婆嫁了，没有后顾之忧，也没有人牵挂你。“风萧萧兮易水寒，壮士一去兮不复还！”你孤身一人来，只影一人去，岂不快哉？

难道这“瘴疠”比匪患还厉害？它比匪患厉害十分。难道“瘴疠”比豺狼虎豹还凶猛？它比豺狼虎豹凶猛一百倍。

这些地区高温多湿，既利于草木、野生动物繁衍生长，也利于各种细菌快速繁殖，历史上这些地区曾出现过天花、鼠疫、疟疾、霍乱。一旦出现疫情，就迅速传遍十岭八寨，个别村寨一家人一家人地倒下，连安葬收尸的人都找不到。

本地世居民族尚且如此，何况水土不服的外乡人。

早在一千多年前的三国时期，曾有个不怕死不信邪的杰出军事家、政治家诸葛亮，为了使蜀国边境安宁，为了收服孟获，曾率大军到了西南边疆，虽带了许多高明医生，他的军队在瘴区也遭受了重大损失，最后依靠当地百姓，战胜了各种“瘴气”，令后人肃然起敬。不仅汉族，连南蛮之地的“夷民”也是这样。你看，傣族的干栏式房子，盖得像孔明的帽子，勐腊境内的一座茶山起名“孔明山”。当年闯“瘴疠”之地的诸葛亮成了各族人民心中的大英雄。看似柔弱的文明，竟有如此强大的历史穿透力。

今天，这支大军竟然从祖国腹地，鱼米之乡的三湘大地而来。难道他们不怕死？难道他们是一群文人笔下虚幻小说中，那些“抢夺金子的亡命之徒？”“人为财死，鸟为食亡”，难道这就是他们命运的归宿？不！不！

他们是响应站在历史和时代之巅的党中央和毛主席发出来的伟大号召：“开发云南边疆，屯垦戍边”“开发云南热区资源，建设祖国第二个橡胶基地”。党中央和毛主席的指示，就是温暖和煦的阳光，就是战胜“瘴区”各种可怕“疫情”的强大思想武器。

二十世纪五六十年代，新中国的周围到处是怀疑甚至仇恨的目光，重重经济封锁，让人透不过气来。一些帝国主义国家的强者，随时都想出拳击倒这个刚从废墟中站起来的不屈东方巨人。为了让中国拥有石油、煤炭、钢铁、橡胶，圆自力更生的强国梦。有勇气的中国人豁出去了，有骨气的潇湘人民豁出去了，他们昂着头，挺着胸，双目发出平和而刚毅的光芒。

他们是一群英雄吗？还不是。他们是一群感情朴实、思想淳厚的农民。他们中间有中共党员，有共青团员，有生产能手，有技术骨干，更多是血气方刚敢于在一张白纸上写出“最新最美文字”，画出“最新最美图画”的青年人。在衡阳地委，祁东县委的正确领导组织下，他们按照连队的编制，设置团、营、连、排、班。每个人都是这个组织中随时可以冲锋陷阵，敢于英勇牺牲，向祖国做出贡献的士兵。

在千里迢迢的支边路上，他们服从领导，听从指挥，遵守纪律，克服新环境带来的种种不适。在火车货运铁皮车厢的稻草上，他们静静地躺着、坐着，默默地承受着单调与寂寞；在长途奔波的敞篷大卡汽车上，忍受着一天十几个小时的颠簸和黄尘终日笼罩的苦楚。下车时，人的头发是黄的，皮肤是黄的，衣服是黄的，连鼻涕、唾沫都是黄色的，变成了一尊尊泥塑的“金人”，只有两只咕噜噜转动的眼睛，才显示是个活人。一些柔弱的女人，这时却显示出她们的刚强。有些人一上车就吐，一连几天，天天吐。吐完了胃里刚吃下的东西，就吐酸水、吐胃液，还是硬挺着往前走，不埋怨，不后悔。

这支拖家带口的队伍，就像象棋中过河的卒子，只有前进，没有后退。他们以压倒一切困难的气概，冲向目的地。1960年11月，他们与湖南醴陵青壮年支边队伍会合了。

他们住进了泥挂墙的简易茅草房后，立即组建了民兵队伍。山上有毒虫，夜晚闻虎啸。这些拓荒者整理完自己的简单行李，调整了自己的思绪，就向荒山野岭开战了。哪里管得了什么“瘴气”，顾得了什么“瘴疠之区”。男女工人手提长把砍刀，挥向灌木丛，砍向野竹林。

当时，我在打洛农场六队任文书兼统计员。这里，离边镇打洛只有十多公里。没几天，边境一线的疟疾传进来了，我队及附近生产队的少数工人到边疆不到七天，就被传染疟疾，热一阵冷一阵地打摆子。

山上的青虰子、牛虻、马鹿虱、马蜂、旱蚂蟥、黑蚂蚁像魔鬼一样，不断地向新来的开拓者进攻。

活跃在中缅边境的敌特，不断威胁中缅边境居民的生命财产安全，企图阻止开拓者前进的脚步。

各种困难也接踵而来，缺油少菜，肉类与各种物资匮乏，人们在繁重的体力劳动后，身体得不到必要的补充，出现了水肿病。昔日红润的脸上，像涂了一层防冻的蜡。

火灾也乘隙施暴，无情地烧毁了打洛六队职工赖以生存的茅草房和不能再简单的行李。在中国人民解放军某部的帮助下，在当地党和政府的关怀下，这些开拓者以英勇顽强的精神，走出了困境。

党中央和湖南、云南省委一直关注着这支队伍。1960年底，湖南省委派来了支边慰问团，带来了中央歌舞团，一首《我为祖国献石油》的歌曲，激励着湖南支边青壮年的火热情怀，决心扎根边疆，为祖国多做贡献。

为了边疆的安宁和人民的幸福，1960年10月这些热血青壮年刚放下家庭的行李，又打起简单的被包，从勐腊、景洪、勐海各地，奔赴勐混至打洛段抢修新公路的工地上。砍来野芭蕉叶搭个窝棚，铺些新竹笆在地上，天当房，地当床，生活条件极其艰苦。在工程指挥部的坚强领导下，短短两个月的工期，修路队逢山开路，遇沟搭桥，所向披靡，战胜各种困难，修通了一条40多公里的国防公路，使千百年来从未通公路的西南边陲，响起了汽车的喇叭声。从此，昆洛公路末端——勐混至打洛段，标上了中华人民共和国地图，翻开了历史新的一页。

年底，中缅边境勘界保卫战打响了。农场部分民兵组成担架队，跟随中国人民解放军深入缅甸北部地区20余公里，歼灭了盘踞在那里的国民党残余军队，保障中缅边境勘界工作顺利进行，保障中缅边境的人民生命财产安全。

继湖南有组织地大规模支边行动之后，1962年起，又有万余名青壮年自动加入支边队伍，先后陆续来到云南边疆，为祖国的橡胶事业做贡献。

1962年，中央对云南边疆各垦区的特殊情况，提出了“一吃二住三橡胶”的新工作指导方针，取代了之前提出的“先治坡，后治窝”的工作指导方针。

七十年代，红河、文山垦区，支边队伍中的民兵，在中国对越边境自卫作战中，配合中国人民解放军作战，英勇顽强，不怕流血牺牲，坚决打击了越南的小霸权主义。

数万支边大军在党中央的关怀下，在农垦系统党组织和地方党委的正确领导下，团结边疆各族人民，与农场的新老职工一道，战胜了疟疾、水肿病，战胜了各种毒小虫，克服了水土不服，终于闯进了“禁区”。在“瘴疠之地”站稳了脚跟，安居乐业，奋战在建设第二个橡胶基地的战场上。

二

橡胶树是地球上亚热带地区的娇子，它对自然条件要求很高，全世界只有很窄的几个区域可以种植天然橡胶。

在南美洲，高温多湿的亚马孙河流域是橡胶理想的生存环境。在亚洲，只有北纬15度以内的马来西亚、印尼等少数国家种植橡胶。中国最南端的海南岛，靠科学支持，已成功大面积种植橡胶，成了祖国第一个橡胶基地。

云南能种植橡胶吗？西方橡胶权威专家断言，北纬17° 以北不具备种植天然橡胶的条件。为天然橡胶的种植设置了“禁区”。

云南多个地区生长着热带雨林，具有热区资源，可云南所有的土地都在北纬17° 以北。它是否具有种植天然橡胶的条件？谁也说不清。不仅在中国，在全世界都是一道难题。

西双版纳最南端已过北纬21°，而德宏、红河、文山、临沧、思茅等地，均超过了北纬22°。这些地方还能让天然橡胶生存吗?

我国橡胶种植的先行者，爱国华侨钱仿周、李宗周等六君子曾想方设法，用马帮从印尼、马来西亚驮回一些橡胶种子和带桩的橡胶新苗，历尽千辛万苦，运到橄榄坝试种。他们不怕挫折，不怕失败，终于让天然橡胶苗在橄榄坝生根发枝，试种获得成功。

新中国的建立，带来了西双版纳的和平解放。1953年橄榄坝特种林垦殖试验场建立，直至湖南支边大军的到来。胶园里的几十棵橡胶实生树，还在这里眺望蓝天。

这是西双版纳能种植橡胶最有力的佐证。它是地平线上又一方的绿色希望。

能否在西双版纳大面积种植橡胶？能否在云南凡有热带雨林生存的地方种植橡胶？这在党中央和云南省各级领导的心中还是未知数。这是深藏在中国人心中的一个梦想。

中华民族是一个伟大的民族，他们敢于走前人没有走过的道路，敢于干前人没有干过的事业。他们坚信，在中国共产党领导下，全国人民团结一致，中国人没有克服不了的困难，没有翻不过去的“火焰山”。

这群敢于集体吃“螃蟹”的人，他们来自毛泽东主席的故乡，具有光荣革命传统的三湘大地农民。

他们进入农垦系统后，迅速充实各垦区农场，成为农垦事业的主力军。他们在各级党委的正确领导下，在农业科技人员的正确指导下，与部队的复员、退转军人、昆明青垦队员、墨江、镇源等地工人、知识青年一道，携手共进。他们紧密团结和依靠西双版纳、德宏、红河、文山、临沧、思茅等地的少数民族，向荒山野岭进军，不惜任何代价，不辞千难万险，决心在北纬不同的纬度上试种橡胶。在挫折与失败面前，他们总结经验制定出科学植胶十大工序，继续勇敢前行。没有经历千百次实验，没有亲手掌握植胶的第一手资料，谁也不会轻言放弃。

这些敢于在北纬21°至24°地带开荒定植橡胶的人们，让西方橡胶权威专家瞠目结舌。

遇上季节性寒流，橡胶苗凋零了，再选育抗寒品种；遇上大风，橡胶树倒了，再选育抗风韧性强的品种。同时，雨季前注意修剪枝条；遇上白粉病，昼夜不停喷药；遇上树溃疡，及时清除，再涂上防病的药。

几多挫折，几多欣喜，英雄流汗不流泪。他们历尽艰辛，以湖南支边青壮年为主体的国营农场，终于闯入“禁区”，获得了巨大的成功。

西双版纳拓荒者在北纬21° 11′ 至北纬22° 27′ ，成功大面积定植天然橡胶。至1981年底，西双版纳垦区实有橡胶53万亩，橡胶树1275万株，当年产干胶12213吨，平均亩产干胶68公斤。

云南其他垦区，在北纬22° 至24° 之间，也取得了一定规模橡胶种植的成功。

1982年10月，国务院给云南各垦区同时颁发了“橡胶树北纬18° 至24° 大面积种植技术”一等科技发明奖。

1988年10月，这是一个具有标志性的岁月，国营景洪农场经过三十年的艰苦奋斗，三代人齐心协力，成为年产万吨干胶的中华胶王。1989年10月，1993年11月，又是两个不平凡的日期，国营东风农场、国营勐捧农场相继突破干胶年产万吨大关，跻身胶王行列。

北京当年的英明决策，三十多年后中国人的梦想变成了现实。三湘大地的父老乡亲扬起眉，他们当年挑选的支边儿女，成为敢闯“禁区”的英雄群体，成为中国第二个橡胶基地创业的主力军。

这些敢闯“禁区”的拓荒者，改变了世界橡胶种植史。西方的植胶专家权威们，赶快修改你们的教案吧！中国人已经把植胶的限度，由你们划定北纬17° ，推进到了北纬24° 。让世界人民为这个植胶标准欢呼吧！

三

三十年前，潇湘儿女背井离乡，来到云南边疆各地。从抵达边疆的第一天起，他们就把所在地当成自己的第二故乡。

他们在各级党委的正确领导下，团结当地各族人民，与农场新、老职工并肩战斗。他们以高度的革命热情，充分发挥自己的聪明才智，为建设祖国第二个橡胶基地，活跃在各个工作岗位上。由于边疆人烟稀少，经济落后，农垦自成社会，形成了工业、农业、商业、运输、学校、医院、公安、法庭等社会体系。

农垦职工以国家经济建设为核心，或苦战于山林，或挥汗于蔗田，或穿梭于茶园，或潜心于科研，或育人于校园……他们以青春作曲，以勤劳、勇敢、创造作词，谱写天地间最强音的奉献之歌。

俗话说："家贫出孝子，国难显忠臣。"在新中国受到帝国主义重重封锁，国家物资匮乏，经济发展极端困难的年代，各条战线都涌现出了为国分忧的忠诚战士。

我赞同人们常说的一句话，那是"激情燃烧的岁月"。但我更愿意说，在云南农垦创业的初期和中期，这里是一个群星灿烂的天空。

"革命加拼命，拼命干革命。"各个农垦分局、各农场都出现了许多可歌可泣的动人事迹，涌现了许多先进模范人物。如开梯田、挖穴标兵，芽接、割胶能手，林管标兵，优秀医护工作者，模范教师，"菠萝大王""养猪能手"。有些人的工作能量远远超过了正常的人，被人冠以动物的名称加以称赞，如"老黄牛""老水牛""老豹子"等，一些领导成了"革命事业的带头人"，"知青的贴心人"。他们既要管理企业，还要身先士卒，带头苦干，难能可贵呀！男女青年在"禁区"的闯关中，碰撞出青春的火花，培植了真挚的爱情。

男人，为了事业顾不上妻子、儿女，忘记了自己身上的伤痛、病痛；女人，为了事业顾不上儿女，顾不上家，忘记自己身怀"六甲"，忘记了孕育期已满，即将临产还奋战在第一线。有的一个小时前还在工作，一个小时后却产下了新生儿，还有人将孩子生在工地上。

中国人从来把女人生孩子叫作"灯火命"，一盏灯燃着一根灯芯微弱的光，随时都可能被风吹灭。"生命诚可贵"，事业价更高。

这是为什么？为了让祖国早日拥有大量天然橡胶。中国石油工人王进喜说："宁肯少活二十年，也要拿下大油田。"这句话惊天动地。在祖国的南疆，橡胶基地的职工动人心魄，感人肺腑的故事俯拾皆是。他们每个人都是一首诗，每个家庭都是一本书。

为了将边疆建设得跟内地一样，这些创业者将深情倾注在当地的村村寨寨。他们无私地帮助当地少数民族村寨规划胶林，认真指导开梯田、挖穴、胶苗定植。精心为乡、镇培训芽接工、割胶工，无偿赠送胶苗、胶碗。他们和傣族、哈尼族、德昂族、彝族等少数民族携手共进，同建和谐、富裕的新边疆。看到民营橡胶树上流出白花花的胶水，他们疲倦的脸上绽放出灿烂的笑容。

现在，西双版纳州农垦系统国营橡胶种植达200多万亩，农场职工私营橡胶近100万亩，附近村寨民营橡胶近200万亩。飞机空中航拍，西双版纳州内橡胶已达500万亩。这是一个足以令全国人民欢欣鼓舞的一个数字。

西双版纳——地球沙漠带上的“绿洲”，得天独厚，占尽风流，已成为了祖国第二大橡胶基地的主力军。

“红花还要绿叶配”，谁也不会忘记，战斗在德宏、红河、文山、临沧、普洱农垦局各农场的支边职工，他们在党的正确领导下，同当地人民团结一道，在北纬22° 至24° 的高纬度地区，成功种植了天然橡胶树，并形成了一定规模，足以让世人震惊。他们为祖国和世界的橡胶事业同样立下了不朽功勋。

朋友说，“第二个橡胶基地是用砍刀砍出来的，是用锄头挖出来的。”我认可这个观点。朋友推论，如果没有大批湖南青壮年支边到云南，农场就没有这样大批的精壮劳动力，就不可能这么快开发千座荒山，就没有国营农场这200万亩橡胶。没有国营的橡胶，就不可能有民营橡胶，更不可能出现私营橡胶。要建成第二个橡胶基地，不知还要到何年何月。没有第二个橡胶基地，边疆的建设步伐可能慢得多，国家的现代化建设也不会有现在这么顺利。

50年光阴过去了。当年英姿飒爽的青壮年，如今已白发苍苍。他们绝大多数已年逾70岁、80岁，70%的人已乘鹤西归，他们一辈子都献给了边疆。昔日，他们挥洒汗水，播种豪情。如今，他们留下了儿孙，留下了巨大的绿色宝库和弥足珍贵的精神财富。

如今，创业者的第二代、第三代已走向社会。有的已进入地方各级政府和企事业单位，有的已成为农垦事业的顶梁柱和中坚力量。他们接过父兄肩上的担子，以敏锐的头脑和科学的知识，进行农垦事业第二次创业。

一业兴旺，带来了八业发展。云南各垦区橡胶事业的大发展，带来了当地水稻、甘蔗种植的飞速发展，带来了交通运输的突飞猛进，促进了教育事业、医疗卫生的长足进步，带来了商业、旅游业的蓬勃发展，促进了当地城乡的大繁荣，促进边境贸易口岸的迅速建立。云南在西双版纳、德宏、红河等地建设了好几个国家级、省级通商口岸，成为中国向南亚东南亚国家开放的桥头堡。

现在，边疆各族人民告别了半原始状态的生产方式和贫穷落后的生活，经过跨越式的发展，进入了小康社会。过去草木结构的干栏式建筑民居，逐步被钢筋水泥结构的琉璃瓦傣式别墅所替代。彩色电视机、冰箱、洗衣机等大、中型电器进入寻常百姓家。每个家庭均拥有摩托、电动车或小货车。各民族小伙子踊跃学汽车驾照，开小车不再是城里人的“专利”。

农场职工的住房不断改善，场区与职工住宅区，处处被绿化、美化，建设得跟小花园一样。工人们过上了开心的日子。

随着澜沧江—湄公河黄金水道的开通，云南发展的步子迈向东南亚。中国的改革开放，将促进东南亚各国共同发展。

如今，西双版纳、德宏、红河等地已成为国内外受欢迎的旅游目的地。昔日的“瘴疠之区”已经变成边疆各民族人民平安、和谐、富裕、美丽、幸福的天堂。

原载于《西双版纳》杂志2013年5期

千丝万缕西双版纳情

1960年11月，我从湘江之滨来到祖国边陲西双版纳，成为这里的公民。西双版纳成了我的第二故乡。

从此，生活起居，满眼都是西双版纳美丽的倩影。工作学习，时刻涌动着傣乡的情怀。从踏进傣乡的第二天起，就咿咿呀呀地学傣语。什么“开不开”，“开来”“由的来”“宾宾农农”和十个常用数字“嫩、双、叁、细、哈、合、结、别、苟、西”等。

1966年上半年，打洛农场小学经上级批准，从曼拉卡寨子招了一个民族学生班。男女学生20来个全是傣族学生。在主管学校教学业务的同时，我担任这个班的老师，教他们的语文、数学。音、体、美是学校其他老师兼任。这些傣族学生跟我学文化，女学生跟我学跳傣族舞，我向他们学傣语。师生互教互学，感情非常融洽。他们邀请我到寨子里做客。寨子里许多傣族群众都认识我是老师，过傣历年时，他们请我去家中喝酒。其中有个叫岩光的学生，他父亲岩温邦与我结下了终生情义。

这年九月份，全县中小学教师集中到勐海县搞“文化大革命”，我爱人胡兵秀担任了代课教师，接过这个班继续教学，与他们再续师生情缘。

1970年，我工作调动，全家搬到勐遮（黎明总场）。岩温邦一家不知什么时候已搬到勐遮乡曼洪村居住。一次在勐遮街上相遇，倍感亲切，邀我们去他家做客。从此，每年泼水节都去他家喝酒，吃毫糯索，两家走得跟亲戚似的。1982年，我全家搬到景洪后，他夫妻俩又上景洪找到我的家，送来大米、糯米、毫糯索。每次留他们住上几天，他们非常高兴。1988年，听说我们调到无锡云南农垦太湖疗养院工作去了，老咪涛放声大哭。回家后，老咪涛每当想起我们，又抹泪大哭。1991年我们回到景洪工作，他们又找到我们，既高兴又激动。他儿子结婚、生孩子，我们都去给他家贺喜。后来，孙子长大了，要结婚了，遇到点困难，向我借了1000元钱。以后，这钱还了，又借走了。一天，他们孙子岩章给我们送来了一袋大米，说老波涛去世了（85岁）。我夫妻俩都很难过。我拿给岩章300元大米钱，并对他说："那1000元，以后不要还了。"算是对老波涛一辈子情义的报答。

我与景洪最早的傣味餐厅——椰林餐厅的老板岩养八哥也有较深的交往。他夫妻二人与我们见面时，都亲切地叫我和爱人"大哥""大嫂"。他的餐厅，我们也经常带着客人前去吃风味餐。

我们与僾尼人的干部、教师打交道，也如同兄弟姐妹一样。

西双版纳是我一生中感情最深、最为眷念的地方。1988—1990年，我夫妻俩曾在无锡工作，虽然思儿念女心切，但西双版纳的景与情，夜夜入梦来。每当我外出旅游，总是和颜悦色地向人们介绍西双版纳的民族风情，讲述西双版纳的神奇故事。一次外出旅游行程数千公里，关于西双版纳的故事就要传播数千公里。全国各地的亲朋好友，他们来景洪看我，大多数也是冲着神奇美丽的西双版纳而来。我为西双版纳每个阶段的发展而高兴，为西双版纳每次进步和社会地位的提升而自豪。

我的两个儿子、一个女儿，都是在西双版纳出生的。他们都在景洪自主创业，在自己的家乡打拼，都成了家。现在他们都已进入中年，有了自己的儿女。大孩子上大学，最小的读中学。

弟弟善庆退休前是允景洪中学有声望的化学老师，弟媳玉莲退休前是州医院口碑很好的中医医生。他们的女儿一个是大学生，在昆明民航工作；一个是研究生，青年画家。

两个姨妹都成了家，大妹夫幸生是中医副主任医师，小妹夫立新是高级农艺师。儿女都已经大学毕业，他们都在为西双版纳今天的美丽，明天的强盛献计出力，倾情奉献。

姐夫、姐姐对西双版纳也有割不断的情缘。他们爱弟弟、弟媳的第二故乡——西双版纳，一点也不逊于爱自己的故乡——潇湘大地。他们曾经在1980年底、1993年底、1999年底、2003年底数次来西双版纳。每次都有流连忘返的感觉。第一次来了一个月，后面三次在西双版纳都是过了元旦，过春节、泼水节，一住就是四个月。

姐夫每次来都是诗兴大发。不是写诗、写词就是吟对。他出版的《翠竹楼诗词选集》《翠竹楼楹联选集》和后来出的两个续集，写西双版纳的诗词、对联，都占有很大的分量。

1994年景洪撤县设市，姐夫曾应征写了六副对联，有两副被选上。

其中一副对联：

> 贺景洪撤县设市庆典
> 市庆同泼水齐欢，璧合珠联开玉宇；
> 异邦与景洪骈袂，龙腾虎跃上琼楼。

另一副对联：

> 标南天一柱，建东南名城。

被州、市政府采用后，写成斗大的字，挂在进城公路两侧的彩牌楼上。

这一次，姐夫易先知意外享受了庆典时坐主席台的特殊待遇，与中央、省、州、市各级领导及嘉宾共同观看赛龙舟。

我的大外甥志武从西双版纳探亲回湘后，曾有一副《傣家姑娘赶集图》在中国青年画家大赛中获奖。

我的众多学生，我亲友的第二代、第三代从学校走出来后，有的进入了政府机关，有的进入了企事业单位，成为新时代社会主义建设的生力军。他们都在为边疆今天的繁荣和祖国美好的明天，殚精竭虑，奋发拼搏。

50年过去了，第一代支边人老了。为了纪念这些老支边，也为了教育我们的后人，2012年我写了《溪水弯弯》一书，在南京出版发行。

50多年来，我见证了西双版纳的过去与现在，见证了她翻天覆地的变化。

在党中央的英明领导下，在党的富民政策指引下，西双版纳告别了昔日半封建式的社会，告别了半原始状态的生产方式。湖南支边大军的到来，使内地先进的农耕文化第一次与边疆落后的农耕文化碰撞、交融。知识青年的大批到来，让大中城市先进的文化理念再次与边疆的民族文化碰撞交融，逐步形成了富有民族特色的边疆旅游文化。

如今，西双版纳已建成了祖国第二个橡胶基地，数百万亩橡胶让昔日贫穷、落后的南疆发生巨变，尽显风流。西双版纳的优质茶已成为云南省各地普洱茶的发源地。与此同时，工业、农业、文化、科技都取得了长足的进步。

边疆各族群众的钱袋子鼓起来了。摩托车、汽车和一些大型家电进入了寻常老百姓家。傣族群众盖起了干栏式小别墅，哈尼族、布朗族扒掉了过去的土窝子，盖起了一幢幢独立的小洋楼。

澜沧江—湄公河黄金水道，直通中、缅、老、泰、越、柬六国。西双版纳的公路四通八达，飞机场已由国内民航发展到国际机场。西双版纳已拥有三个国家级口岸和一个省级口岸，成为云南省、中国向东南亚开放的“桥头堡”。

西双版纳除了是人们熟知的“植物王国”“动物王国”之外，还有一个名闻遐迩的“人文王国”。每年的泼水节都在上演“人文王国”的重要内容。这个东方“狂欢节”已成为中外旅游的热点，引起了世界各国人民的关注。

我们一家作为西双版纳的公民，更引为自豪。每年的泼水节，我们都以欣喜的心情，全程关注，全程参加。我的儿子、儿媳、女儿、女婿、孙子、孙女、外孙，除观看赛龙舟、赶摆外，都参与泼水狂欢活动。虽然他们全身湿淋淋的，却一脸喜悦。我夫妻俩年纪大了，不能参加泼水活动，就常去观看赛龙舟，去节日盛装的街头游行、赶摆，去江边看放河灯、放孔明灯、放焰火。泼水节期间，云南省招商旅游局与西双版纳人民政府举办的东南亚有缅、老、泰、越、柬五国参加的西双版纳边境贸易交流会，我们每年都去参观、去购物，去寻找那些属于我们老年人的乐趣与幸福。

为了将西双版纳建设得更好，我们除了向国内遭受重大自然灾害的地区从银行捐款献爱心外，还从2012年起，在全国人民学雷锋的日子每年向西双版纳州团委捐献“捐资助学”款1000元。支持山区穷困孩子读书，尽自己一点绵薄之力。我和老伴将这事视为制度，每年三月都将献上一笔爱心款，直到生命最后一刻。

西双版纳的民族地域风情，已融入我们生命的血液中，每逢元旦、春节、泼水节或婚宴、寿庆、亲朋聚会，举杯把盏，都会情不自禁地从胸中吼出“水”“水”“水”的声音来（西双版纳喝酒习俗）。我曾作了一副对联：

举杯畅饮，山呼长短祝酒词，“水水水”！声震三邻四舍；
停箸阔论，笑谈大小天下事，呵呵呵！气顺五脏六腑。

西双版纳的酒文化也映衬着今天的小康生活。

昔日南疆的“瘴疠之地”，如今已成了各族人民安居乐业的福地。景洪市已成为享有盛誉的森林城市，成为世间稀罕的避寒胜地。西双版纳已成为人间的幸福天堂。

原载于《认同与融合——西双版纳外来移民研究报告》第200页

又是中秋月圆时

走进农历八月初一，感觉到一年一度的中秋节就要到了。

清风朗月，光照大地，年年月相似，岁岁人不同。

我幼年懵懂初明事理时，最早对明月的崇敬，是从老人那里听来的故事：“月亮里有只玉兔，与仙女嫦娥相伴。八月十五日后半夜，有时云拥霞蔚，满天光辉。突然一声巨响，天门大开，仙人出现，金光闪闪。这时，你拿石头往天上扔，落下来就是金子……”那时家里很穷，多么希望石头能变成金子呀！可是，小孩子熬不到十一点就睡着了。这就是人们常说的“异想天开”。

年年都过八月十五，印象最深的是1964年和1979年两个中秋节。

1960年10月，我和万名湖南支边青壮年一起来到边疆——西双版纳。

1961年3月，我从打洛农场六队到勐混作业区创办小学。1964年4月，我和爱人一起回到打洛农场小学工作，担任学校负责人。这年秋天，是我工作最稳定的时期。

中秋节那天，我的心情特别好。晚上八点钟，一天紧张的工作结束了，心里开始释放轻松快乐的因子。同事吴老师饭后无事，过来串门侃白。我对他说：“今晚的天气真好，我们赏月。”他爽快地答应说：“好！”当时，他的家还没有搬到学校，一个人生活，爱人和孩子还在生产队。

十点钟后，学校的师生逐渐就寝了，校园里一片寂静。我从家里端出一张低矮的小木桌，放在我住房前的操场上。桌旁放着一个竹壳热水瓶，桌上摆着三个小土碗，吴老师从我家提来三个小凳子，放在桌旁。我爱人将刚炒好的南瓜子放在桌上。我们三人分北、西、南三方坐下，喝着白开水，嗑着南瓜子，心里觉得很是享受了。

傍晚，月亮从东方升起，奔波了三个多小时，此时逐渐向天穹中央靠近。

淡淡的白云从天边飘来，在微风轻轻地抚摸与推动下，向天空另一侧飘去。当它从明月旁经过时，发出红白黄蓝紫五彩光晕，真是美丽极了。

古往今来的文人骚客，无不面对明月，顿生千万情趣。月下饮酒赋诗，流淌着才子佳人的风流雅韵。李白的“花间一壶酒，独酌无相亲，举杯邀明月，对影成三人”。把作者清高飘逸的心态描绘得惟妙惟肖。苏东坡“明月何时有，把酒问青天。不知天上宫阙，今夕是何年？”的诗句，令人心驰神往，魂欣魄慰，忘记人间的苦乐，不失为千古名句。

这时，周围更加寂静。我们学校除两幢瓦房教室（中间是教师办公室兼宿舍）外，其余的教室和教职工、学生宿舍都是茅草房。操场东方一侧，长满低矮的灌木和杂草。

学校距边境打洛镇十几公里，真可谓边疆之地。1960年11月，中国人民解放军与缅甸联邦军队联合对国民党军队残部的歼灭战——中缅勘界保卫战之后，边境一线安全多了。

学校离最近的生产队两公里多，离傣族曼拉卡寨一华里多，隐约能听见几声犬吠。左边靠得最近的是农场卫生所，右边的陡坡下是一条小溪，此时能听到细微的潺潺流水声。微风轻轻地吹过，掀起房上的茅草来回摆动，发出“吆儿、吆儿”的声音。前几天还唱着“知了，知了”的蝉儿，今晚却没有了声气。平日草丛里蹦蹦跳跳的蝈蝈儿发出“唧！唧！唧！”的短暂叫声，此起彼伏。远处山梁上的麂子发出响亮而高亢“啊！啊！”的鸣叫声，呼唤着同伴，声音在山谷久久回荡。

四周是出奇的宁静，周围没有一丁点儿灯光。远处是黝黑的山，近处是黑色的树林，银白色的月光如水倾泻在树林与远山上，犹如蒙上了一层乳白蝉翼般的薄纱，一切都显出朦胧的美。

我们嗑着南瓜子，喝着白开水，慢慢地转入自身的话题。心情逐渐变得沉重起来，语气也放缓了。

“唉！”我先叹息了一声，“我们在这里赏月，也不知道姐姐、姐夫他们怎么样了？”吴老师也跟着叹息了一声，说：“是呀，边疆交通不便，信息闭塞，写封信来回要一个多月。打电话要到场部总机那里排队，等一两个小时，不一定能通上话。”接着他问起我姐姐、姐夫的情况，我便一五一十向他述说：“我们姐弟三个，父母去世早，姐姐、姐夫将我和弟弟带到身边抚养。他们的工资低，还要抚养刚出生的儿子，生活很困难。为了减轻他们的负担，也为了实现自己的理想，我刚进十八岁时，就报名支边。我跟随着浩浩荡荡的支边队伍，离开了家，来到了边疆。”

从此，两地相隔千里，互相牵挂。我结婚前，大约一个季度能寄回十多元钱，帮助姐姐、姐夫缓解经济压力。结婚后，生活过得更好些，偶尔添点家用的东西。亲戚朋友也增多了，人情往来、应酬方面增加。每月两人56元的工资，用得精光，再没往家里寄过钱，内心感到很愧疚。

然而，对姐姐、姐夫的思念，一直在我心中。

姐比我大10岁，我出生才几个月，姐就天天背着我。她扫地的时候背着我，打猪草的时候背着我，跟妈一起纺线的时候背着我，跟小伙伴一起踢毽子的时候背着我。她的背是我成长的摇篮。

1945年的某一天，为了躲避日本鬼子的屠杀，全村的男女老幼和附近的村民，全都钻进山林。山高坡陡，许多地方无路可走，人们有时不得不手脚并用地爬着走。同她一般大的小姑娘，走空路都气喘吁吁，上气不接下气。当时我已两岁多，身体单薄的姐姐却要背着我赶路，追赶村民。爸爸见了不忍心，就将我从姐姐背上接过去。我却不肯，拼命哭叫，引起周围人群的恐慌，万一日本鬼子听见追来怎么办，爸爸急了，为了保护全村人的性命，他要将我扔进大山沟。

姐拼命抢回，背在自己背上，我再也不哭了，可她却累极了。在钻山沟、躲避日本鬼子的那几天里，我一直在她的肩背上，她拼死保住我这条小命。

“每逢佳节倍思亲”，对如此大恩大德之人，面对明月，怎不倍加思念呢?

我两眼噙满了泪。老吴默默无言，低头叹息。我爱人在一旁抹着眼泪。

大家沉默了一会，老吴讲起了他的故事：

“1957年，我考上了株洲航空工业学校。全村人都为我高兴。自己觉得踏上了一条实现人生理想的七彩路。以后当一名工程师，为祖国的航空事业贡献自己的青春与力量。

“1960年，年事已高的父母亲跟随哥哥嫂嫂支边，来到打洛农场勐混作业区。

“这时，自己已顺利地完成了三年学业。临毕业前，想来云南探望父母，再回校接受分配，奔赴新的工作岗位。

“春节前，我赶到勐混，见到了父母、哥嫂，一家人万分高兴。春节过完之后，我要告别他们回湖南。父母却千舍不得、万舍不得。母亲流着泪央求我留下。‘自古忠孝难以两全’，好容易有了一个展雄心，为国家做贡献的机会，现在却被母爱阻止了。好几次下决心要走，可身边没有分文，寸步难行。在这两难之时，内心万分痛苦。

“父母为了挽留我，给我找了个媳妇。结婚后，我的心渐渐安定下来。我一介书生，没有干过劳动，不懂农业生产活计。开始，我每天给生产队放牛。几个月后，才编入生产小组，参加农业劳动。今年才调到学校当老师，开始为农垦教育事业做工作。”

听了老吴这些伤心往事，我们夫妻都为他叹息。

我们又慢慢地回到现实生活中来。学校可以说是一个文化单位，可是文化生活却是一张白纸。除了小学课本，备课指导书，再无任何书籍与报纸。连农场场部都没有一份报纸，没有任何书籍可以借阅。我们就像行进在一个茫茫的“沙漠”之中。

我们思念家乡的同时，多么希望边疆繁荣起来。

我们第一代湖南支边的农垦人，在建设祖国第二个橡胶基地的事业中，谁都有一股对潇湘阻隔不断，挥之不去的浓浓乡情。

天空中的月亮已经偏西。淡淡的白云不断从月亮下慢慢地飘过，发出五彩的光晕。

不知不觉已经夜深了，我们就回房休息了。

此后许多年，因为社会政治运动与家庭的种种原因，我们没有再尽兴赏过月，每个中秋节都是淡淡而过。

1971年秋天，我的岳母突然去世，留下年幼的弟妹3个。大妹才满14岁，被迫辍学了，过早地参加工作。小妹8岁多，小弟5岁，我们夫妻俩义不容辞将他们领回家中抚养。

这时，我已调到黎明总场机关工作，爱人在小学教书。家中已有两个男孩，次年又添了一个小女儿。

每月56元的工资，要养活7个人，生活极其艰难。不管如何节约，每年都差账，并逐年累积。

1978年，党的十一届三中全会召开，确定了新时期党的工作重心转移，社会经济迅速好转。年底，我的岳父调到农场直属单位，弟妹们回到了父亲身边。

我们肩上的担子一下减轻了许多。1979年8月份，我们领到调资后补发的工资，还清了以前的宿债，还剩250元。当时，夫妻俩的心情无比激动。我们手里第一次捧到这么多钱，心里像喝醉了酒。

“回湖南！”我突然吼了出来。“回湖南！”我爱人也吼了出来。这是发自肺腑的声音。

我俩向单位领导请了假，也帮三个孩子向学校老师请了假，向朋友借了几百元钱。

9月中旬，我们坐上了去昆明的长途客车，全家五口人真的回湖南了。

中长达七八天的旅途，我们心潮澎湃。是呀！20个年头在人生的征途上可不是一个小数字。我除1969年因公回了一次湖南外，这长长的岁月，思念常常萦回在梦中。可现在，我们的梦想就要变成现实了！

我们全家在国庆节的前四天赶到祁东。国庆节与中秋节只相差四天。

姐姐、姐夫见了我们又惊又喜。事前，我们没有写信。那时，也没法通电话。当年支边去云南，我是一个人，如今变成了五口之家，突然出现在他们面前，这是他们连做梦也没有想到。

姐姐、姐夫见到大弟媳长相端庄，说话有礼貌，又见侄儿、侄女活蹦乱跳，满心欢喜，泪珠儿直在眼里打转，姐姐忍不住转过脸去擦眼泪。我和爱人也高兴得泪花湿润了眼圈。

我动情地说：“这些年，我们好想你们。”姐夫终于从激动中缓过神来，说：“你们一路辛苦了，快歇一歇，喝口水，我上街去买点菜。”我点点头说：“好！”姐姐一会儿搂搂侄儿，一会儿抱抱侄女，就像突然得到了爱不释手的珍贵宝贝。

祁东县城变了，远远超过了我的想象。街道延长了，高楼大厦成倍增加，城区扩大了两三倍。

节日的气氛滚烫着我们的心。走在大街上，只见每座高楼都按其轮廓拉好了电灯线，装上了红、黄、蓝、绿、白五彩电灯泡。机关、企事业单位的门头都插上了红旗。大街上挂上了“欢度国庆”的横幅标语。

在党的十一届三中全会精神的指引下，农民的生产积极性像喷泉一样迸发出来。街上挤满了卖蔬菜、卖水果、卖鱼、卖鸡鸭的担子。各种产品，应有尽有，极大地丰富了市场。

国庆前后，我们用了几天时间，走乡串村看望了乡下所有的亲戚，然后回到县城过中秋节。

今年的中秋节，是我们姐弟两家一起过的前所未有的欢乐节日。

姐家里的孩子和我家的一样多，都是两个儿子，一个女儿。十个人第一次欢度中秋，月满人团圆，可谓十全十美。

刚吃完晚饭，姐姐、姐夫就张罗着赏月的事了。在天井里，桌上很快摆满了苹果、梨、橘子和各种月饼及水果糖。我们四个大人，一边喝着开水，嗑着葵瓜子，一边悠闲地聊天。六个孩子早就忙碌开了，大外甥志武用心地削水果，再将削好的水果切成四块，送到我们每个人手中，外甥女易虹将各式月饼切成四块，放在盘子里。小外甥志文和我的大儿子小波给我们分发月饼，小儿子小涛给我们分发水果糖。小女一边吃着月饼，一边依偎在姑妈怀里背着儿歌。

我家的三个孩子第一次见到又香又甜的月饼，吃得津津有味。我和爱人也是第一次吃到月饼。

之前社会上物质匮乏，没有月饼卖。后来内地有月饼卖了，边疆还没有。好容易等边疆有月饼卖了，可家里没钱，根本不敢到副食品商店去望一眼。

吃吧！美美地吃吧，这又香又甜的月饼。

秋高气爽，云淡风轻，月亮在明净的夜空里缓缓移动。今晚，万家团聚，花好月圆。这里有酒的沉醉，有蜜的香甜，有诗的情趣，有画的意境。幸福像电流击透了我的全身，幸福像暖流灌满了我们小院。

赏月，实际是借助良辰美景，表达内心丰富的情愫和美好的愿望。

跟姐姐、姐夫一家团聚，一起赏月，实在是二十年来很奢侈的一个愿望。1964年中秋赏月，心里就企盼着这一天的到来。它终于从遥远的彼岸蹒跚来临了，这一天来之不易。

难道你不觉得，幸福让人心醉吗？二十年，七千多个日日夜夜，我们在世间经历了风霜雨雪。在人情世故上，备尝了酸甜苦辣。

月亮升到中天，又偏西了，我们彼此有说不完的知心话。

孩子们一个个吃饱了，玩累了，先后相约回房睡觉，很快进入梦乡。睡意也向我们阵阵袭来，可谁也不愿起身，生怕打破了这难得的幸福氛围。最后还是我开口了："睡觉吧，天已经很晚了。"于是，大家微笑着起身，回房休息。

第二天，我买了回云南的火车票。两天后，我们登上了直达昆明的火车。临行前，我夫妻俩真诚邀请姐姐、姐夫全家1980年到西双版纳过春节。他们爽快地答应了。姐姐、姐夫一直送到火车站的站台，我们依依不舍挥手告别。

转眼三十多年过去了。这次中秋两家相聚，化作一段美好的回忆。一直像电影银幕，几十年反复放映着，让我们一直感到幸福温馨。

今年中秋节又快到了。过了八月初一，八月十五还远吗？

如今的西双版纳，到处是欣欣向荣的景象。首府景洪市高楼林立，街道纵横，市场繁荣，物质充盈。节日前的大超市里摆满了各式月饼：云南火腿月饼，广州的广式月饼，粗粮做的大荞饼，香气四溢的鲜花饼。有上千元一盒的高档月饼，有两三元一个的散装月饼。水果柜上，有来自美国的绿蛇苹果，泰国的金色榴梿，中国新疆的紫色葡萄，云南蒙自红里透黄的大石榴，西双版纳黄色的甜柚子，海南大红的火龙果……五颜六色，让人眼花缭乱。各种糖果、面点，更是不知其数。

比起1964年在打洛过的中秋节，真是天壤之别，实在没有可比性。

2015的中秋节即将来临，我们应该再过一个美好、甜蜜的中秋节。然而，如今物是人非。我最可亲可敬的姐姐去年三月中旬驾鹤仙逝，我的知心朋友吴老师去年四月去世了。我害怕见到昔日让我心仪的圆月。曾经最经典、最美好的两次中秋佳节，而今却难以回首。

最可叹可怜的是姐夫。他夫妻俩相依相伴六十余年，如今变成了一只鸣秋孤雁。

姐夫虽然个子不高，但在我头脑中，他的形象却很伟岸高大。

早在二十世纪五十年代，我父母先后病故。那个年代，正是狂热的“大跃进”之后，社会经济迅速萎缩，物质匮乏，人人都勒着裤带过紧日子。个别好心人劝姐夫放弃对妻弟的抚养，任其自然成长。他却毅然表示：“我进了这家的门，就是这家的人。我就是讨米当叫化子，也要把他兄弟俩抚养成人。”一语掷地有声，感动天地。

我1960年支边上云南后，弟弟一直在他们身边读书，从1958年到1968年，整整十年。

我一直将姐夫视为楷模，当作我一生的榜样。

在我岳母1971年突然去世，我和爱人将小弟、小妹领到家中尽心抚养。在极其艰难的困境中，只要一想起姐夫，便浑身是劲。

姐夫酷爱对联、诗词，是个执着追求文学艺术的文人。他的爱好与勤奋，激励我经常写点东西，在文学艺术的道路上不断进步。我很想把他接到身边，日日相伴，为他提壶执铲，为他揉背捏肩，略尽孝悌之意。可他因年事已高，要远来云南，儿女不放心，我也实在无方无法了。

他不愿长期与儿女生活在一起。最近，他选择了衡阳夕阳红敬老院，与几个旧时的诗朋联友在一起。每日撰联、题诗，将自己从痛苦与沉闷中解放出来。

好友吴老师为了“孝顺”二字，一辈子坚守在父母身边，一辈子坚守在边疆，一辈子坚守教育事业。也为边疆，为教育事业做出了自己的贡献。他一生有两男三女，晚年儿孙满堂。去年，他说走就走了，留下吴嫂与儿女为伴。

在这中秋月朗时分，遥祝姐夫健健康康，诗兴不老，联情不减，永葆青春。

祝吴嫂健康开心，平常心可羡，平常心可贵。

每年的中秋明月夜，我都会想起先贤的这句诗：“但愿人长久，千里共婵娟。”

赞“人拉犁”精神

1955年4月底，中国人民解放军第十三军三十七师、三十九师与军直的1600余名官兵集体转业退伍，到达西双版纳州勐海县的勐遮坝，准备就地安置，成立农场，开垦万亩荒地。

经云南省省长郭影秋批准，5月20日上午，思茅地委农村工作部部长刘明到场对全体转业退伍官兵宣布了省长对农场的命名，正式成立国营黎明农场。

上级给农场规定三大任务，“生产队、战斗队、工作队”。既要努力生产建设好农场，又要紧握枪杆，随时准备应对边境蒋残匪的袭扰，消灭来犯之敌。还要把部队的好作风带到农场，做好边疆少数民族的工作，带领他们共同走上富裕之路。

建场初期，生产生活物资非常短缺，职工面前困难重重。不久，上级给农场调拨一台小型拖拉机，可以挂犁耕地，这是件大喜事。可是要开垦几百亩上千亩农田，光靠一台拖拉机翻地，不知要等到猴年马月。如果使用水牛来耕地的话，当时既没有资金可以买牛，也没有地方可以买牛。

没有播种，哪有收获。季节催人，时不我待。怎么办？怎么办？几位复员军人在一起商量，干脆用人来拉犁，代替牛耕。说干就干，他们买来又粗又长的绳子，背着犁下地了。几个人肩扛着绳子，用手拽着，齐心合力往前拉，一人在后面扶犁。果然黑乎乎的土地翻出了波浪，一垄垄新翻的土地，整整齐齐留在身后，他们成功了。

这件事，迅速从一个组传遍全队，又从一个队传遍整个农场，人人都兴奋起来。于是，几十个“人拉犁”的小组出现了。各个小组之间你追我赶，大家干得热火朝天。几天以后，他们的两个肩膀勒肿了，手掌被绳子磨起了血泡，他们仍咬牙坚持着。直到两肩上的肌肉变得又硬又厚，手上磨起了老茧子。当年，几百亩秧苗栽下去了，秋后获得了丰收 。

这种“人拉犁”精神，就是当年在抗日救国，抗美援朝的战场上，与敌人刺刀见红，以命相搏的精神；就是将困难踩在脚下，一往无前的精神； 就是白手起家，艰难创业的精神。这是几千年来中国不屈的龙的精神在传承，这是红军南泥湾精神在弘扬。十三军是中国人民解放军一支英雄的部队。从这些复员转业战士的身上，人们仿佛看到了娄山关的硝烟，看到了台儿庄的烽火，看到了横渡长江的风帆，看到了鸭绿江边的战旗，看到了大西南解放战场上的英姿!

有了这种精神，就能在一张白纸上画出最新最美的图画；有了这种精神，就能做大做强企业；有了这种精神，才能成就伟大的社会主义事业。

建场初期，“芭蕉叶子盖房子，大树底下做饭吃”。生活环境极其艰苦，那是有条件要上，没有条件也要创造条件上的生动诠释。这也是“人拉犁”精神，在人生创业主旋律上的酣畅流露。

在生产劳动中，农场经常组织大会战。青垦队和丰收队的女同志到达农场后，男女青年你追我赶，劳动热情一浪高过一浪。

黎明农场一分场（广门农场）成立了以唐金玉为首的女子突击小组，她们以极大的劳动热情，高强度的劳动态势，超长的工作时间，每天完成生产定额的3—4倍，创造出一个个非凡的成绩。她们经常带着伤痛，带着病情，奋斗在农业生产的第一线。1958年秋天，她们创造了人均产粮6500多斤的惊人奇迹。她们的事迹被编入国家农垦部的《农垦英雄谱》。

不久，三分场（景真农场）又成立了毕琼芬女子突击小组。十几个青年女子在毕琼芬的带领下，向唐金玉小组学习，她们以高昂的劳动热情和压倒一切困难的大无畏精神，拼搏在田间、地头。她们与唐金玉小组你追我赶，不断提高劳动生产效率，刷新新创的纪录。她们个个都似花木兰，人人都如穆桂英，她们的名字，年年都上农场的光荣榜。当年“人拉犁”的小伙子，也为之感叹!

1959年10月1日，中华人民共和国成立十周年，唐金玉作为云南省劳动模范、全国“五一劳动奖章”获得者，应邀到北京参加国庆观礼，受到伟大领袖毛主席的亲切接见。这不仅是唐金玉个人的光荣，是唐金玉小组的光荣，也是全体艰苦创业黎明人的光荣!

农场机关在茅草顶、泥挂墙和竹子做桌凳的艰苦环境办公。当年，场部只有一辆小车，干部下基层，绝大部分人都是走路或坐拖拉机去的。后来，他们才慢慢有了自行车。

农场的领导与机关干部，大部分都是转业的军官。他们带来了部队的好作风。行事果断、雷厉风行。他们经常深入基层，出现在田间、地头。春天，下生产队插秧。秋天，到分场参加收割。及时收集基层的情况，总结经验，表彰好人好事。

干部的作风，深刻影响基层的干部、工人。工人中“人拉犁”与唐金玉小组、毕琼芬小组的故事，以及无数个奋不顾身，艰苦奋斗的英雄群体与个人，激励着农场的领导与机关干部奋发图强，不断创新。

1958年10月21日，云南农垦总局在黎明农场召开加工现场会，来自全省各农场场长参观了黎明农场的酿酒、砖瓦、陶器、榨油、淀粉、铁木工、食品加工等场办工业成果。

1958年12月，黎明农场喜获周恩来总理亲自签名的国务院奖状。

奖给农业社会主义建设先进单位　云南省国营黎明农场

1959年9月下旬，全省国营农场场长会议在黎明农场召开，省农垦总局局长江洪洲主持会议。他代表省农垦总局给黎明农场送了一面书写着“欣看一马当先，喜庆万马奔腾，今日同声赶黎明，明朝看谁是英雄”的锦旗。他号召全省各农场向黎明农场学习。

我们点赞“人拉犁”精神。它是一种排除万难，压倒一切困难，勇往直前的精神。它是建场初期黎明人心中一杆旗帜，是无数有血性的勇士们赶超的标杆。它是催生无数先进集体和个人的强大精神力量。

“人拉犁”“芭蕉叶盖房子，大树底下做饭吃”，以及青年女子突击队与农场机关干部革命化，组合成“黎明精神”。如果去掉了“人拉犁”精神，“黎明精神”就显得单薄和软弱无力。

“人拉犁”精神，是一笔留给子孙后代永不贬值的厚重财富。

国营黎明农场成立六十多年了，虽然“人拉犁”的故事发生在1955年，已远离我们六十多年了。随着社会的不断进步与生产力的发展，随着社会物资的丰富与人民生活水平的提高，“人拉犁”的故事，在许多人心目中渐渐淡忘了。然而，我却觉得，“人拉犁”的故事已经镌刻在历史博物馆的花岗岩墙壁上，成为一组永不褪色、永葆青春的英雄浮雕。

真情纪实（通讯）

“老豹子”的故事

如果有人问，世界上什么动物跑得最快？回答一定是猎豹。

如果有人问，那个叫老豹子的人是不是彪形大汉，是不是行为凶猛？回答都不是。

年轻人叫“豹子阿姨”，小孩叫“豹子奶奶”。这名字如雷贯耳，从黎明二分场三队叫响，很快叫遍全二分场，从二分场又叫到黎明农场直属单位。她退休后，随爱人搬家到农垦分局，这个名字很快叫遍分局机关大院。90%以上的人不知道她叫什么名字，还以为她姓“豹”呢。

这里为大家揭秘，她叫陈秀英，是湖南祁东支边到西双版纳的农垦工人。刚到农场时，年仅22岁，身高不足1.54米，体重不超过50公斤。

别看她个子矮小，可干起活来，手脚麻利，浑身是劲，七尺男儿未必赢得了她。

到场的第二年就是模范，这模范年年当，直到她退休那一年。

黎明农场二分场从七十年代起，经常开展生产大竞赛。尤其是农忙时期，每周两次（星期一、星期六）。陈秀英更是干劲倍增。记得“文化大革命”期间有早上读《毛主席语录》的硬性规定。她就五点钟起床，一个人到田里去插秧，七点多钟，别人刚起床洗完脸，她却插完一亩地秧回来赶早读。她一天插秧4亩多。秋收割谷子时，别人一天割一亩多，她一天割6亩多。她是班长，一天和两个女同志打谷子，拖着宽大的四方形掼桶在水田中飞跑，一掼桶谷子拉到田埂边可装4麻袋谷子，每袋至少150斤以上，4袋600多斤。最高的一天打了9亩稻子。担任生产队会计的昆明知青罗素芳说：“这哪里是人在干活，是老虎豹子下山来了！”从此，“老豹子”的称呼就叫开了。久而久之，人们渐渐忘记了她的真实姓名，“老豹子”成了她的姓和名。

一天，她带一个女工去种玉米，天麻麻亮上山，天黑了完全看不见才下山。她负责挖坑，那名女工放玉米籽，这一天种了30亩玉米，创造了一个神奇的天文数字。试想，每亩地666平方米，如果每平方米种2株玉米，一亩地就是1332株，30亩地应该是39960株。从早上6点30分到晚上8点，应该是13个半小时，除去工地上三次用餐、喝水与解手用去半个小时，全部用来干活的时间，应该是13个小时（780分钟）。在这个时间内种39960兜苞谷，每分钟应该挖51个小坑。放玉米籽的女工跟着小跑步。中午，太阳直射过来，她身上如火烤一样。从中午12时至下午3时，是一天最热的时候。她挥汗如雨，前胸与后背都湿透了。脸上与脖子上的汗珠一颗颗滑落下来，她顾不上擦一把，额上的汗珠滑在眉毛上，欲滴不滴，挡住视线，她将头使劲一甩，把汗珠甩得老远。一天十多个小时维持这个高速度，腰不直一下，脚不停，手不软。这天，统计员上山检查质量，她认可这个劳动成果，这应该是吉尼斯纪录。用手工劳动操作，恐怕世界上再无人打破这个记录。她犹如名奥运会的运动员，在与生命的极限奋争。不同的是运动员与别人竞争，而她是与自己竞争。

在大竞赛的日子里，她每时每刻都在拼着命干，一身大汗之后，常感到浑身冒火，喉咙里冒烟。哪里有水，就弯下腰，嘴巴凑着哪里的水就喝。插秧时，弯腰喝田里的水；割谷子时，就喝水沟里的水；有时种玉米时，喝牛脚印窝窝里的水。有一天，竟喝了牛尿。结果，吃饭时心翻想吐，把饭全都吐光了。

1970年她身怀老三，腆着大肚子下地不方便。连队领导为照顾她，安排她放牧队里300多只鸭子。要临盆了，她还在田边地头跑。

一天，下着毛毛细雨，她赤着双脚，赶着鸭子跨沟跳坎，有的沟一米多宽，田埂又滑，她六七次摔倒在田埂上，浑身湿漉漉的爬起来，鸭子跑到前面去了，她立马去追。等把鸭子赶到连队，天已经黑了。她忙找到连队的卫生员，说："可能娃娃被摔死了。"连队的丘医生连忙给她做检查，好一会儿，丘医生舒了一口气，说："没有死，还有胎音。"这个娃娃真是命大。过了八九个小时，于次日凌晨，她生下一个男孩。

一天，她在地里搞突击，回来得很晚。由于没有月亮，她和李顺英，刘中芝两个女同志都迷路了。走着走着，一下子滑到一条三四米宽的大沟里。大沟坎高水深，沟边泥水浸到腰部，中间更深。三人摸索着抓住小草往上爬，可一使劲，草被拔出来或扯断了，又掉进水里。她们再抓草，再往下掉，10次，20次……头发里都是泥浆水，衣服被污泥糊满，全身上下都湿透了，一半是汗，一半是泥水。

大约晚上10点，恰有三位男同志从三分场开完整党会，走小路过来，听到大沟里有扑通扑通的水声，感到很奇怪。老于顺说："可能是两匹马掉到沟里了。"忙打着电筒跑过去。一看，被那情景吓呆了，原来是三个女同志在水沟里扑腾着，忙把她们拉上来。如果她们那晚没让人碰着，可能是一场悲惨的结局。

也许有人问，她们的男人哪里去了？为什么不来寻找她们？在那生产大竞赛的日子里，男人们也有自己生产竞赛的项目与目标，谁又能管得了谁呢？

1977年，爱人调到农场场部工作，她被安排到服务公司，搞后勤服务工作。她和胖三（女）两人煮300多人的饭，还要自己拉水葫芦，喂养10多头猪。同时，用豆角、青菜为食堂腌咸菜。那种拼命干活的劲头，又带到了服务队。她"老豹子"的名号也带到了服务队。

1982年，大儿子到北京旅游，钱不够用，忙写封信寄回服务队，让妈火速给她寄钱去。可是一直没有回音。原来，服务队的办公室收到寄给"陈秀英"这封信，却不知陈秀英是谁，信往哪里送。等大儿子回来了，才把信拿回来。

陈秀英没有文化，不善言辞。但她有颗忠于党和人民和红心。她1960年参加工作，1972年入党。她以朴素的革命感情和拼命工作的精神，把自己的青春、热情和力量都毫不吝啬地奉献给云南农垦事业，奉献给边疆伟大的社会主义建设事业。

今年，湖南支边50周年了，"陈秀英"已是70开外的老人了，她身上除了浑身骨头酸痛外，还有高血压等病。

我想十分尊重而虔诚地说："'老豹子'嫂嫂，你一定要保重身体，过好晚年"。

原载于《传承与奉献——纪念湖南青壮年支边五十周年》

青春在胶林中闪光

——访云南省劳模付跃云

在翻阅纪念湖南支边青壮年五十周年文集《传承与奉献》一书时，一个熟悉的名字——付跃云跳进我的眼帘。哦！他是云南农垦系统省劳模的一员。

在这本厚厚的书中，却没有关于他模范事迹的文字记载。于是，我产生了采访他的冲动。

付跃云是国营景洪农场三分场二队付隆顺的长子，湖南支边青壮年的第二代，1962年出生。从小好学上进，爱好体育、武术。稍大一点，就经常帮父母干家务，打猪草、扛柴火。常常受到左邻右舍的夸奖。付跃云的父母都是勤劳踏实的工人。二十世纪六十年代，生活条件十分艰苦。他们每天上山砍坝、开梯田，早出晚归，风雨无阻，为建设祖国第二个橡胶基地艰苦地奋斗着。

付跃云从小耳濡目染，对父母及长辈们都怀着十分崇敬的心情。从那时起，就立下了为祖国的橡胶事业建功立业的理想。

1982年7月，付跃云中学毕业了。10月份分配在其父母所在的生产队工作。他对队领导安排的工作，毫无二话，高高兴兴地上班了。他砍过坝，烧过坝，开过梯田，挖过穴，事事干得有模有样，从不叫苦。队领导看在眼里，开心地说："真是一块好材料。"

半年后，领导安排他管五亩幼林，还负责割一个橡胶树位。他虚心向老胶工学习，认真掌握要领。平时，他精心磨刀，反复琢磨。割胶时，稳定步子，细心进刀，力求减少伤树率，受到队领导和技术员的好评。

1984年，队里重新分配割胶树位。离队部三公里远有两块林地，由于受1973年和1975年两次寒害的影响，死树较多，存活的胶树不到50%，原有825棵胶树，只剩下271棵，平均每亩只有10.8株。这些胶树，有连成小片的，还有东一棵西一棵的。有的相距10米，有的相距20米。树少，草却旺，飞机草、茅草长得一人多高。别说割胶，就是空手到那树位走一趟，都很艰难。

这两个树位，离队部最远，林相最差。队领导分配树位时，新老胶工没有人愿意去割这两个树位。小付想，我是老工人的后代，又是共青团员，前辈费九牛二虎之力种下的胶树，我有责任将它管好、割好。于是，他主动报名，把这两个树位接管过来。

付跃云明白，对老树位要三分割七分管。开割之前，他每天起早贪黑，在林地砍坝、除杂草，在带面挖些大坑，将砍倒的青草，全部埋在里面，给橡胶树当绿肥。

虽说这是两个树位，却分布在三个山头，实为四块林地。山与山之间，林带与林带之间，原来没有"之"字路的，小付挥锄将它全部修出来。

当时，农场领导号召胶工"以肥换胶"，付跃云积极响应。他想，大家都要挑有机肥上山，附近哪有那么多。不如到傣族村寨去看看。他到曼井傣寨子，找到父亲在寨子的"老庚"，说明以肥换胶的事，老波涛满口答应，非常支持。原来，老百姓家家养牛，每家楼底下的牛粪堆积了一两尺厚。他们没有使用农家肥的习惯。小付来挑肥，等于帮他们搞了卫生，一举两得，全寨子的老百姓都高兴。

付跃云每天收完胶，就跑到寨子里来积肥挑肥。他不怕脏不怕臭，把一家的牛粪全部掏出来，堆在空地上，请分场派人开拖拉机将这些肥料拉到山脚下。今天出这家的牛粪，拉上一拖拉机，明天出那家的牛粪，又拉上一拖拉机，日积月累，很快达到万余斤。

每天上山时，他将牛粪一担一担地往林地里挑，埋在橡胶树附近的大穴里。

每担都有100多斤，汗水滴滴洒在胶林"之"字路上。付跃云管理的这两个树位，每年施农家肥14000多斤，4年共施有机肥56000多斤。

他大搞"三保一护"，锄草、松土，修枝整叶，让胶林采光透气，使这片老胶林重新焕发青春。

一把普通的胶刀，付跃云看得跟宝贝似的。每天割完胶之后，不分时间地点，一有空就拿出来打磨。胶刀磨好后，眯起眼睛仔细反复揣摩，似乎在探寻什么奥秘，几乎到了痴迷的地步。

有人感到奇怪，他却认真地说："胶刀是胶工的主要割胶工具，好比战士手中的武器。胶刀打磨得好坏，直接关系到伤不伤树，是提高胶乳产量的关键。”他的胶刀始终保持光滑、平整、锋利，使用起来得心应手，谁见了都夸。在分场组织的磨刀比赛中，他多次名列前茅，并连续两年获得了一等奖。

付跃云在割胶技术方面，勤学苦练，敢于创新。实践中，他总结了“稳、准、轻、匀、快”五字诀。他采用的“侧平刀”割胶法，创造性地克服了“侧内刀”引起的割线积水，又避免了“侧外刀”产生胶乳外流和排胶管大量外露而影响产胶等弊端。由于他行刀稳、准、轻，退刀短，进刀长，薄如蝉翼的胶树切片能够十几厘米、二十几厘米连成一条带，不断带，让人称奇。

自1984年以来，付跃云的树位连续五年消灭了特大伤，伤口率每年控制在4%以下，耗皮量低于部颁标准。五年平均技术分达到93.5%，所割树位胶树条溃疡为零。

1985年，农场的橡胶树发生大面积白粉病，他深夜两点钟和胶工一起背硫黄粉上山。别人背一袋（30公斤/袋），走到半山坡已是气喘吁吁的了，他却一次背两袋，同样爬山越岭，一个晚上背两次。有时，他实在太累了，一屁股坐在胶树下，分分钟就睡着了。有一次，林中一条蛇从他身上爬过去，他突然从梦中惊醒。

二队有1000多亩橡胶树，防治白粉病的工程很大，从二月底持续到六月底。付跃云每晚深夜两点钟，同几个青年一起，背着硫黄粉上山，跟着植保员跑遍生产队每个树位。每次同植保员一起喷完药粉才回家。这时天快亮了，他稍微休息一下，又带上割胶刀具，上山割胶了。

他白天割胶，晚上背硫黄粉上山，喷洒硫黄粉，持续干了四个多月，从不叫苦、叫累。年底，分场领导对他在防治白粉病的突出表现，给予了表彰与奖励。

让人惊叹的是，他这段时间割胶，没有因为劳累发生过一次特大伤。

在这片洒满老职工辛勤汗水的胶园里，付跃云在用青春、热血与智慧在打造一天又一天的丰产，一年又一年的丰收。他每天最早起床，迎接天边第一缕曙光。遇上胶水多的季节，他戴着头灯上山，每天却最晚一个下山。他从不漏割一棵树，从不漏收一碗胶水。

这个植株稀稀拉拉，旁人看不上的的树位，却让付家小子养成高产树位。每棵树每天都有满满一碗胶水。个别胶树一天还可以接两碗胶水。他每天下山，都是满满的一担胶水。后来，他改用大桶挑，一担胶水有140斤重，走着“之”字路下山。有时，一担胶桶装不完，手里就提着一只能装10多斤胶水的桶。下山时，既要保持肩上的平衡，还要保持手中的稳定、平衡。遇到雨天泥稀路滑，穿鞋子下山会打滑，他就一双赤脚挑胶水下山，十趾抓地，每只脚都是五齿钉耙，一步一个深深的脚印。每一步必须走稳走实，如果走虚了半步，不但肩上满满的一担胶水会洒泼出去，手里提的胶水也会晃出去。从山顶到山脚，有一华里的路程，他不仅用力在走路，更是用心在走路。有时，一个小石子硬住脚心，便是钻心地疼，他在心里默念着："稳住，稳住！"

我曾经认为自己是大力士，人家叫我"颜胖子"，200斤重的东西，我背过、扛过，但在这时，如果让这近80公斤的胶水压在我身上，光着脚板下山，一定是寸步难行的。

人们经常挂在口头的一句话，"自古英雄出少年"，我彻底信服了。

景洪农场1985年遭受了一场特大的白粉病，没有一个生产队能够幸免。这年，付跃云生产干胶1622公斤，完成定产指标1029公斤的157.6%，平均株产6.13公斤，受到分场的表彰与农场的奖励。

1986年，白粉病在橡胶林继续肆虐，付跃云生产干胶1580公斤，完成定产1124公斤的140.6%，平均株产5.17公斤。

1987年，付跃云生产干胶1724公斤，超定产指标46.1%，平均株产6.36公斤。

1988年，从3月10日至7月20日，仅4个多月，就生产干胶1291公斤，已提前超额完成全年定产1288公斤的指标。

在成绩和荣誉面前，他从不骄傲自满。强烈的使命责任感，使他一心扑在工作上。虽然他的事迹与为人，感动了许多年轻异性，但他没有时间顾及别人送来的温柔与爱慕的眼神。他要响应党的号召，晚婚晚恋。周围的朋友都在谈情说爱了，他依然我行我素，情洒胶园。

他并不是独行主义者，他关心、帮助周围的同志。队里的职工理发难，他就买来一套理发工具，义务为群众理发100余次。

付跃云还是青年的知心朋友。他主动辅导新胶工磨胶刀；他给后进青年做思想工作；他同一个丧失了信心的失足青年交朋友，给他谈理想，讲前途，鼓励他重新书写自己的历史。一次，队里一个青年女工即将分娩，丈夫当时不在家，小付就用自行车将她送到医院。

付跃云1982年参加工作，1984年被评为劳模。

1988年2月，光荣地加入了中国共产党。

1989年1月，这个没有当过生产组长的年轻人，被分场党委破格提拔为三分场二队队长。让他在新的工作岗位上，为国家做出更大的贡献。

1990年9月，付跃云考入云南省工青妇干部管理学校脱产读大专。

从1985年至1988年期间，付跃云年年受分场、农场表彰，并被西双版纳农垦分局、云南省农垦总局连续授予“先进生产工作者”“优秀胶工”称号，1989年被云南省共青团授予“新长征突击手标兵”称号。1989年12月被云南省人民政府授予“省农业劳动模范”称号。

他的青春像金子一样在胶林闪闪发光。

后生可畏，青年人的前途无量。

原载于《祁东文史》第十三辑《祁东儿女云南支边记忆》

米凉粉传奇

一个家庭手工作坊生产的米凉粉，竟然占据了景洪市城区市场。一个湖南祁东支边人的后代，竟然进入了一个傣族家庭，成为这个家庭中亲密的一员，共同创业。是什么让故事如此出人意料的发生与发展呢?

带着种种疑团和假想，今年春节节庆期间，我跟朋友走进了曼迈村傣寨。

在两层楼的独立小院里，充满了暖暖的春意，荡漾着祥和的气氛。楼房的外侧，是一个明亮、干净的简易工棚。工棚外是一弯小水塘，水塘旁是已抽薹开满小黄花的菜地。工棚里支着九口大锅，靠住房墙壁的一侧的地面上，摆放着50多盆刚出锅的米凉粉。一辆小车正在往外运，后面的米凉粉正在出锅。一盆接着一盆，一行挨着一行，摆得整整齐齐，那场景可谓壮观。

一　无心插柳柳成荫

房主人岩康生于1958年，身高1.7米，长方形脸，说话时面带微笑。他身体健壮，浑身充满力量。年轻时就很勤劳，能吃苦。他拉过大锯，帮人解过木板。他开过手扶拖拉机、35型大拖拉机。曾经从景洪到勐遮、大勐龙、勐腊等地跑过运输，头脑聪明灵活。

早年，祖父、父亲他们曾在家中做过米凉粉，岩康年轻时就会做米凉粉，也算家传手艺。

八十年代初，中国大地上“改革开放”的春风吹到了西双版纳，允许个体经商，做买卖。岩康就试着挑几盆米凉粉上街去卖。

没有想到，自己做的米凉粉，居然赚到了钱。那些摆小摊卖米凉粉的，每天要几盆米凉粉，还跟他预约。这样，他不上农贸市场，也能卖米凉粉了。生意越做越大了。

后来，妻子玉温也参与进来了。他一人专心做米凉粉，卖米凉粉的事，交给了妻子。

1993年，他一次买了几口中型铝锅，开始形成小规模生产，每天产30余盆。铝锅破了，他又学会了补锅。

1998年，景洪电视台的记者采访了他。他们名声更响了。生意做得顺风顺水。

岩温的米凉粉迅速占据了景洪市城区市场。1999年，他做的米凉粉开始由妻子玉温一盆盆地向外批发。

真是无心插柳柳成荫。

二　竹楼里的金孔雀

岩康的二女儿玉叫，聪明伶俐。对父亲的事业，从小耳濡目染。她17岁初中毕业回到家，就帮着做米凉粉。她一点一滴地跟父亲学技术，她做出来的米凉粉丝毫不逊于父亲。岩康心里像喝了蜜。

西双版纳地处祖国南疆亚热带地区，一年四季，万物生长，青年男女成熟得比其他地方早。傣族自古有早婚的习俗，十四五岁谈恋爱，十六七岁就结婚。按理，玉叫早就到了谈婚论嫁的年龄。那几年，也有不少本寨子与外村的男青年前来求爱，她都没有动过心，岩康也没有表过态。

“竹楼里的好姑娘，为什么不打开你的窗户？”“金孔雀要配金马鹿……”傣族歌手这样动情地唱道。

玉叫是百里挑一的好姑娘，秀丽端庄，温柔善良，心想继承父亲的事业，并没有把心思放在谈情说爱方面，岁月悄悄流逝，过了一春又一春。

1997年5月，身强力壮的岩康，因连续7天高兴地陪客人喝酒，没有吃一口饭，胃部突然急性大出血，住进了医院，一住10来天。他最担心米凉粉对市场的供应断了线。

然而，令人欣慰的是，女儿玉叫一人泡米、打浆、煮米凉粉、出锅，事事做得顺手，质量上乘。岩康出院后，让女儿玉叫继续担任米凉粉加工的主角，自己退到二线当配角。

随着西双版纳州旅游市场的开发，外地游客日益增多，米凉粉的需求量在不断增加。

玉叫从早忙到晚，有时还要加班加点，生意如此红火，哪有时间外出交朋友。

岩康见女儿的年龄一年年变大，心里也暗暗着急，可又有什么好办法呢?

傣族女孩过了20岁，算是大龄女青年。一眨眼，22岁、23岁又到了。这样好的女孩，如今还是名花无主，亲戚朋友哪有不着急的。

三　妇唱夫随幸福来

2006年国庆前夕的一天晚上，一群女友领着玉叫上歌舞厅唱歌，没想到她高高兴兴地去了。歌舞厅里的人很多，男女青年自由交友。朋友的朋友见玉叫来了，就给她介绍了一个男友。

这个男孩叫俊平，当年21岁，也正是谈情说爱的年龄。小伙子1.69米，皮肤白皙，笑中带一点腼腆，显得很帅气。玉叫当时虽然25岁，但劳动的锻炼，使她显得沉稳、大方。身高1.65米的她依然活泼、年轻。再加上她的事迹早在朋友圈里传开，让人顿生敬意。二人一见钟情。

不久，玉叫征得父亲同意，将俊平领到家中，岩康与妻子玉温见了，都很喜欢，点头同意。俊平就在她家住下来。

按照傣家的风俗，汉族男子要与傣家女孩结婚，先要在傣家举行傣婚。之后，男孩才可回家告诉父母，再举行汉族婚礼。

俊平的祖籍是湖南。爷爷奶奶都是当年湖南祁东县的支边青年。爷爷奶奶曾是景洪水泥厂的职工（该厂九十年代已经拆迁）。父亲年轻时，跟一个傣族女子结婚，由于家庭贫穷，双方又没有很好的思想感情基础，后来离异了。俊平一岁多时，母亲就离他而去，他从小缺乏母爱。全靠奶奶一口粥一口饭地喂养，一把屎一把尿地拉扯大。因此，他对奶奶有很深的感情，成了隔代亲。奶奶见他可爱，更是格外疼他，处处护着他，对他娇生惯养。虽然他秉性很纯洁、善良，不偷东西，不打架，但好吃懒做，不会做事。

在俊平眼里，玉叫是大他四岁的姐姐，是位聪明、漂亮、能干、贤惠的妻子。他从小缺乏母爱，多么希望玉叫像母亲那样关爱他，填补他思想感情上的空白。虽然他从小怕做事，身子骨不很结实，一动就冒虚汗，但他愿意上进，与浮躁度日的富家纨绔子弟有本质的区别。

岳父对他像亲生儿子一样，一起吃饭，一块喝酒，并不指挥他做这做那。

他偶尔也出去玩，平时在院子里转来转去。他终觉闲得不好意思，有时帮着打扫卫生，往灶里添点柴火，帮助刷大锅。看着妻子忙这忙那。

玉叫见他不主事，就叫他过来搅拌米浆，递给他一根梭子棒。他接过棒，轻一下重一下地搅拌起来，玉叫见了，心里焦躁，就大声说他：“你要出点力，用劲要匀，不然，把米凉粉搅坏了。”俊平正浑身冒汗，使不上劲来，听到这话，干脆把棒放下来，不搅了。两人就吵了起来，吵了几句，玉叫也顾不上他，抓过棒子在这口锅里搅几下，那口锅里搅几下，一会又忙着出锅了。

日子长了，见得多了，俊平也会慢慢找些事情做。婚后没几个月，妻子怀孕了。看着妻子挺着大肚子，还在天天做米凉粉。每天不停地搅拌，不停地出锅，一天五六十盆。俊平实在被感动了，每天抢着做这做那。

这段时间，“妇唱夫随”，妻子把做米凉粉的秘诀、绝招都告诉他。俊平慢慢地学着做，竟能单独操作了。在妻子的耐心指导下，他做出了合格的米凉粉。

让俊平感动的是，妻子玉叫临产的那天上午，还在搅拌米浆，做米凉粉。下午到医院，打下催产针不久，就生下一个健康的小男孩。

家中的亲友谁不感动呀！已经亲身体验到做米凉粉那份艰辛的俊平，感动得两眼饱含热泪。他觉得应该加倍努力，做好这份工作，来回报妻子和岳父岳母一家人。他已经幸福地做了爸爸，觉得自己应该做一个顶天立地的男子汉。

妻子坐月子的这段时间里，俊平担起了独立做米凉粉的这份职责。他每天从早忙到晚，一身大汗淋漓，他没让岳父再干重活，没让妻子再来搅拌米浆。有时他忙得头昏眼花，就让妻子在旁边指点。

有一天，俊平得了重感冒，发着高烧。为了治病干活两不误，他背上捆着一根长棍子，上面挂着一个吊瓶，针水从左手一滴一滴流进血管里。右手拿着一根搅棒（平时是两只手），不停地费劲搅拌着大锅里满满的又稠又浓的米浆。一搅就是一两个钟头。接着要出锅，将煮好的米浆装到盆里，一干又是一两个钟头。左手要放松要平衡，右手需要使大劲。这不仅需要体力、耐力，还需要顽强的毅力。

尽管有岳父在一旁帮忙，可毕竟最忙最累的活是搅拌与出锅这两道工序。妻子坐了一个月的月子，俊平独立做了一个月的米凉粉，而且质量上达到了岳父和妻子做工的水平，赢得了岳父的赞许和妻子的满心欢喜。

四　齐心协力奔小康

玉叫自1997年5月接替父亲做米凉粉后，就成了这个手工作坊的女主角，至今19年了。她除了在产假期间坐月子，从未闲过一天。

她一人操作9口大锅，上午一次出锅60多盆，每盆10公斤。下午煮3—5锅。旱季米凉粉好卖，每天生产1000公斤左右。雨季每天生产600公斤左右。需求量最大的春节和泼水节，每天需要的米凉粉要加倍，玉叫一家人忙不过来，就请姐姐和村寨里的大婶们过来帮忙。

我见过玉叫出锅时的情景，只见她右手拿着大铁瓢，左手拿小饭瓢。当熟米浆被大铁瓢舀起时，左手的小饭瓢立即接着铁瓢底欲滴的米浆。当大铁瓢往盆里倒时，小饭瓢在铁瓢内上下翻飞，几秒钟就将铁瓢内的米浆刮得干干净净，又两三下把铁瓢外的米浆刮净，而地上不漏一滴。

她已经从一种简单的手工劳作，升华为一支优美的舞蹈，让人眼花缭乱，心情愉悦。

俊平在这个家，学会了一口流利的傣话，在与傣族群众的交往中，如鱼得水。他有个傣名，叫岩温团。

岳父见俊平能吃苦耐劳，敢于担当，喜出望外。就送他到驾校学开小车。家中原有一辆小面包车，内装铁架，可分层摆放米凉粉，俊平开车运到市场交给岳母批发。后来，岩康又花了20多万元买了辆小轿车给俊平开，既可以运送米凉粉，又可以接送亲朋好友。他自己开小面包车。

俊平逐渐懂事了，他懂得感恩回报。不仅孝顺岳父岳母，疼爱妻子和儿子，还去孝敬爷爷和奶奶（奶奶已过世三年）。孝敬亲爹、亲妈、继父、继母，也得到众多亲人的关爱，生活在一个充满幸福氛围的大家庭之中。

岩康已退到后勤保障方面，他从缅甸购进香稻，一次进50吨。从未掺杂其他地方的米，从源头上保证米凉粉的质量。他从本地买来铁刀木与橡胶木，自己负责将它锯好、劈好、码好，做煮米浆的燃料。

他每天晚上11点钟准时泡米，每锅13斤。每天清晨7点钟起床打米浆。所有的米浆都要打两遍，以保持口感细腻顺滑。

玉温每天凌晨四点钟就上农贸市场批发米凉粉。这个家生产的米凉粉很快被运到各个冷饮店和各条街道的凉粉小摊前。离城6公里的曼回索寨，有七八家傣味餐厅，也天天前来批发。她是这个家的“外交官”，那张红润而常带微笑的脸，就是这家米凉粉加工作坊的一张活名片。

加工米凉粉说起来简单，其中酸甜苦辣只有他们自己知道。他们肩上有一份责任，除了生意这个层面外，还有一份社会责任。景洪城区的冷饮店和凉粉摊，不能一天没有米凉粉供应。外地游客与本市市民不能一天缺少美味可口的米凉粉。一年365天，不知哪天能休息？

然而，辛劳与勤奋让这个家日渐富裕起来。他们旱季每月收入3万余元，雨季每月收入2万多元，全年收入近30万元。

是呀！永远是一流的品质，永远不差斤两的米凉粉和米凉虾，让你买得放心、舒心！

众人的口碑，确立了这块没有名号的金牌。一个只有4人的手工作坊，生产的米凉粉竟然覆盖景洪城区大市场，难道不是一个奇迹吗？

原载于《祁东时报》2015第839期

守望妻子健康的丈夫

在西双版纳农垦分局机关宿舍区，人们谈论家长里短时，无不称赞彭汝明是个模范丈夫。

分局机关退休干部彭汝明和商业服务公司退休职工王继芬是一对恩爱的夫妻。结婚50余年，夫妻互敬互让，日子过得和和美美。彭汝明性格乐观开朗，年轻时在农场业余文工团搞器乐拉二胡。退休后喜欢养鸽子、八哥，白天遛遛鸟，晚上到广场跳跳交谊舞。王继芬除主动承担家务活外，还经常到机关门球上参加打门球。两口子每天过得充实而快乐。

天有不测风云。1999年12月3日下午7时，正在场上打门球的王继芬突然感到头昏想吐，面色刷白，在场的球友劝她回家休息。她提着球棒走到楼前的单车棚门口，掏钥匙开门，门还没有推开，人就不省人事往后倒了。正在这时，刚从球场回来的王行武、唐先如两同志看见了，忙找车将王继芬送到农垦医院抢救。等到彭汝明闻讯赶到，王继芬已迷迷糊糊躺在病床上。经检查，诊断为脑出血，蛛网膜下出血28毫升。她在重症监护室里，昏迷9天后才醒过来，总算捡回来一条命。醒来后，两条腿怎么也站不起来。后来又转到普通病房，住了两个月还是不能走。医生让家属帮他进行肢体锻炼。开始，两个人用手臂将她架起来，将两条纱布捆在两条腿上，一前一后地拖着她的腿挪动，众人眼里都含着苦涩的泪。后来，她的病情有好转，右腿基本恢复了功能。但从此王继芬落下了左侧半边瘫。

出院后，老彭又带她到州医院扎了20多天的银针，左侧手脚仍没有明显好转。

在王继芬病重期间，儿女们都赶回来了，亲朋好友也来看了。但年轻人都有工作，几天后，儿女回工作岗位去了。老彭事事都要管，实在抓打不开，在朋友的帮助下，12月27日从老家找了一个叫小芳的姑娘来照顾王继芬。

王继芬的半边身子不能动，老彭每天要照顾她的生活起居。一天几次分药递药送水，扶上扶下，时时都得小心翼翼。好在有小芳做帮手，上街买菜，服侍王继芬大小便，帮她擦身子。

2000年5月下旬的一天，王继芬突然倒地，口吐白沫，突发癫痫，并伴有哮喘，一动便喘不上气。老彭急忙将她送医院抢救。老伴病情加重，彭汝明自然更忙。有时他忙得头昏脑涨，脚瘫手软时，就坐下来闭目休息一下，或喝几口茶水，缓过神，又接着去做护理的事，从没有给老伴难看的脸色或说句难听的话。

2000年8月王继芬的病情略有好转，被两个女儿彭烈燃、彭烈红接到玉溪，用中草药治疗，同时到医院做理疗，病情进一步好转。八个月后，被在德宏武警支队的大儿子彭勐生接到部队驻地，用傣医傣药进行治疗。直到2001年10月才回到景洪。

2002年4月下旬的一天，王继芬又突发癫痫，导致精神紊乱，出现幻觉，多亏邻居退休干部邓从富、秦老师和李成丽及卫生班学员等人帮忙，将她抬下四楼，送上救护车，到医院抢救。这次在医院住了三个月，老彭一直陪护着。

2003年，王继芬病情有所缓解，通过功能锻炼，肌体力量增强，她多么渴望像健康人那样站起来，走到地面，呼吸着那花草夹着泥土气息的香味。他们家住在四楼，这四层高的楼梯，在健康人的眼里根本不算一回事，可在左手左脚瘫痪不得力的病人眼中，却如同天梯。王继芬决心通过上下楼梯进行康复锻炼，再大的苦也要吃。老彭非常感动，坚决支持她进行康复锻炼。下楼梯时，王继芬用右手拉着扶梯，甩一次左脚，右脚下一级梯子，老彭在后面用力抓住王继芬背部的衣服，避免她不慎摔倒，两个人常常累得满头大汗。上楼梯时，王继芬用右手拄着拐棍，靠拐棍支撑身体，右臂擦靠墙壁，右脚一级一级艰难的向上攀登，汗水浸透衣服，湿透了头发，满脸涨得通红，汗珠顺着脸庞往下流，黄豆大的汗珠“嗒嗒……”砸在水泥楼梯上。老彭在后面轻轻扶着背部，嘴上不停在鼓励，一步一步跟着，起着保护作用。每上完一层楼梯，就站着歇歇，喘口气，积聚力量再上，每次爬完四层楼，衣服右侧就擦一层白灰。就这样，一天两天，一月两月，一年两年地坚持着。腿脚更有劲了，但每次上楼梯还是艰难。

2008年8月的一天，王继芬突然感觉腿疼，全身无力，站不起来了，没有办法，王继芬身体的移动，就是坐在一张单人藤椅上，一人在前面拉，一人在后面推。9月份，大女儿彭烈燃知道后，寄来1100元钱，买了一张轮椅。

在这百般无助情况下，老彭打听到勐养有个草医，治疗瘫痪有特效药。就坐车到勐养，开了些草药熬好后给王继芬内服。同时开一些草药捣碎了外敷。第一剂药下去后，王继芬感觉腿疼痛减轻。老彭再到勐养开第二、第三剂药。如此来回奔波。三个月后，王继芬又可以拄着拐棍站起来走动了。但由于腿上的肌肉较先前更加萎缩，身体更加弯曲，能靠拐棍的帮助在家中自由走动，自己上厕所，自己走到藤椅前转身坐下，生活能半自理，确是不幸中的万幸。

王继芬虽然受到病魔无情的折磨，苦不堪言。当她看到丈夫每天耐心细致地照顾她而显得疲惫不堪的样子，内心既感到幸福又觉得心疼。总是劝他“歇一下，歇一下”。

这段时间，最让老彭为难的事是小保姆不稳定。第一个小保姆在了四年多，第二个在了一年多，都是家里有事或要结婚才离开。后来到家里照顾王继芬的小姑娘，一两个月就走了，最长的待了三个月。缺保姆的日子里，样样都要老彭自己动手，要给老伴洗澡、擦身子，要洗衣服、煨中药，还要到州医保中心拿药，要自己上街买菜、做饭菜、拖地板，从早忙到晚。还要半夜几次爬起来服侍她解小便。究竟有多苦，旁人说不清，只有他自己知道。

还有更令人汗颜的事。一次，老彭出去办事了，王继芬要解手，拄着拐棍到卫生间，慢慢移到凳子上坐好。解手后，心想打水冲一下厕所，结果身子一动，凳子一歪，整个人重重地摔在卫生间的防滑瓷砖上，病腿压着好腿，动弹不得，裤子也无法拉上。她在冰冷的瓷砖上躺了半个多小时后，老彭才从外面赶回来。一进家，不见人，立即呼唤老伴的名字，只听到卫生间传来微弱的“嗯、嗯”的声音，急忙跑过去，只见王继芬眼睛斜向上翻着，一脸无助的样子。老彭冲过去，抱起她，老泪纵横，两人哭作一团。

王继芬前后摔倒六次。有时坐在藤椅上看电视，拐棍忽然滑下去了，她想弯腰去捡拐棍，身子又不由自主地摔倒了。有时她身体倒在棍子上，有时头撞在衣柜上。每当老彭见到这种情景，眼里都噙满了泪。王继芬虽然吃尽了千般苦，但看到丈夫无微不至的关心和情深意浓的体贴，消瘦的脸上总是挂着微笑，那是一股暖流在内心暗暗涌动，那是抗衡疾病的乐观情绪在脸上的张扬。今年重阳节，老彭脚踏小三轮车，带老伴到金鹿街的最爱婚纱影楼拍了个金婚照，披上这迟来的婚纱，让王继芬乐了好几天。

彭汝明已是70多岁的老人，子女们都在外地工作。老伴11年的病痛，也深深折磨他的身心。这在年轻人的眼里，是无法看懂的。一个不堪重负的家庭，老彭却无怨无悔地承受着，没有埋怨，没有逃避。

在人们非常熟悉的一张笑脸上，老彭身子骨一年比一年单薄了，瘦弱了。但在他的眼神里，我们依然可以看到那种坚强。

原载于《开拓报》2010第9月编者更名《轮椅推出来的美丽》

敢立潮头创伟业

——记省劳模、原国营勐捧农场党委书记、场长周兵生

国营勐捧农场1974年刚从国营勐腊农场分离出来时，橡胶面积只有2万余亩，相当于一个大农场的一个分场。一年后遇上寒害，橡胶又损失了5000亩。

这个不被人看好的小场，在农场新、老领导班子的带领下，全体职工艰苦奋斗，发奋图强，不断创造中国橡胶发展史上一个又一个奇迹。

1980年，全场橡胶增至5.29万亩，年均增长7573亩。1981年，农场引进贷款，年增橡胶9900亩。

1984年，周兵生担任农场主要领导。正逢国家的“改革开放”不断深入，他大胆地利用边疆开发和少数民族扶贫两大政治趋势，果断地抓住时机，并寨进场，突破农垦系统因土地而制约发展的瓶颈，迎来了国营勐捧农场的超常发展，一跃而成为全国橡胶农场的王中之“王”。

一　稳步走上人生路

周兵生1950年4月出生在湖南祁东县洪桥公社兰芝塘大队。

父亲周笃顺是1960年10月湖南支边青壮年响应毛主席“屯垦戍边”“建设祖国第二个橡胶基地”的伟大号召，来云南支边的带队干部。

二十世纪八十年代，周笃顺是国营勐满农场副场长，退休前是代场长。

父亲是个实干家，吃苦耐劳，能挑能扛，力气大得惊人。同工人一起干活，总是身先士卒。这给周兵生留下了深刻的印象。

周兵生10岁跟随父母亲支边到云南，却一直思念自己童年在一起生活的爷

爷。在勐腊农场中学读初中时，住在学校，生活很节俭。把父母给的生活费，节省的钱都攒下来，一次竟给爷爷寄回去50元。在六十年代，这50元相当于一个工人两个月的工资，真不容易，足见他的孝心。

在景洪中等师范学校读书时，他品学兼优，经常受到学校的表彰。他勤于锻炼，体质极好，每年横渡澜沧江几次。

1969年毕业时，与13个同学一起回到国营勐腊农场。农场要将这批中师毕业生分到各分场，每个分场两人。可大家不愿分开，就在一个生产队当工人，享受中专待遇。

1971年，农场领导要安排他们到分场当老师，周兵生却说："我是来接受贫下中农再教育的。"没有去当老师。

在生产劳动中，周兵生因为体质好，肯吃苦，无论砍坝、开梯田，还是挖穴，样样拼命干。工作做得又快又好。当年被职工评为"先进工人"。

1970年，他所在的连队缺事务长，周兵生当上事务长。他除了记账、买大米、领工资等本职工作外，还帮食堂养鸭子，帮养猪的同志砍芭蕉杆、扛芭蕉杆，帮食堂种菜。一次，他到磨歇去为连队买盐巴，回来时，疟疾发了，身上一阵冷一阵热，可几十斤重的担子还压在肩上。他咬着牙，坚持走完五公里路，回到连队。队里的职工无不交口称赞。

下半年，他被调到新建的十四营五连当事务长。根据营领导"老连队要支持新连队"的指示。他根据新连队的人数，按每人每天一斤蔬菜的指标，每天从老连队（当时两个连队）采摘各种蔬菜。然后，双肩挑着100余斤的蔬菜，花4个小时，步行30里路，热汗淋漓，以非凡的勇气和毅力，赶到勐腊县城，坐上拖拉机，再经24公里到达新连队。如此，他每月跑几次。

为了解决新连队的吃菜问题，周兵生向连长建议，职工出义务工开菜地。在连长的支持下，周兵生每天吹哨子，职工提前半小时起床，到小河边挖菜地、除杂草，河边尽是黑沙土，又肥又疏松。不到一个月，他们种的蔬菜长出来了，连队的职工吃不完，一下了轰动了全营。营领导号召其他连队向他们学习。

二　知青佩服的连长

1971年年底，营里组建新连队。老连队调来一名副指导员，任命年仅21岁的周兵生当副连长（当时没有连长）。连指导员在内共3户老工人，其余都是知青。其中重庆知青15人，上海知青39人，后来又从其他连队分来20名知青，共有70多人。

这些知识青年来自不同城市，文化程度参差不同。年轻、幼稚、易冲动，很不好管理。当时，周兵生也是二十出头，和知青年龄不相上下。他第一次当领导，就显示出他的领导才能。

他对连队的知青实行军事化管理，连下设排、班，知青担任排长、班长。每天早晨出操、跑步，吹哨子上班、下班。

他处处以身作则，砍芭、倒大树，动作猛、麻利。开梯田，挖穴，又快又好。扛起大木头，两脚踩在地上咚咚作响。又有文化，能说会算，知青们都很佩服他。

当时，队上的食堂没有油，吃红锅菜，他把自家的猪油提到食堂，让知青们很感动。

一次，当地一位老波涛牵着一匹骨瘦如柴的老马，心中很是无奈，既不能使用，又不能牵到市场上去换钱。

周兵生见了，就用25元钱将它买下，牵回连队，知青见了都围上来。他对知青说："我们将它杀了，吃马肉。"知青听了都欢呼起来。好长时间没有闻过肉味了，心里直馋。

炊事员把马杀了，剥了皮，每个知青都分了一份，高高兴兴拿回家，做自己喜欢吃的家乡风味。其余带肉的头骨、腿骨和背脊骨，被炊事员用大锅煮熟，每人再来打一份，老工人家有孩子、老人的，每人再打一份。从那以后，知青更听连长的话了。

知青思想都很活跃，个别的也很调皮，惹是生非，不同城市的知青相互闹摩擦。上海的知青惹着重庆的知青，两边分别抱团。一天晚上，周兵生正在家里写东西，一个知青跑来报告："他们要打群架了！"周兵生一听，急忙从家里摸着一根锄头把冲出来。到了球场，只见重庆知青与上海知青正在对峙。每人手里都拿着长砍刀或锄头，互相指责，火气越来越大，眼看就要动手了。周兵生一个箭步冲到两支队伍中间，大家平时熟悉的这张国字脸上的笑容不见了，只见连长满脸怒气，双目圆睁，剑眉倒竖，双腿叉开站着，手中高高举起锄头把，厉声喝道："今晚谁敢先动手，我就打断谁的腿！"

知青们平时都知道连长一身好力气，干活时都会拼命。在这个火头上，谁敢贸然越雷池半步？双方都被唬住了。两边的阵营开始松动了，站在后面的知青后退了，人们慢慢放下手中的锄头与砍刀。一场恶性事件被制止了。事后，他又找双方的排长、班长谈话："我们都是来自五湖四海，都是兄弟姐妹。大家要互相团结，互相尊重，互相帮助。"双方都心服口服。

对外边一些连队的知青前来寻衅闹事的，周兵生也有一套对付的办法。

他有针对性地写了八条措施，得到连队知青的赞同。上报营部。得到营部领导的认可与支持，并打印发到其他连队。

一天晚上两点多钟了，周兵生已经睡熟了。突然一个重庆知青跌跌撞撞地跑来，一头撞在竹子门上，门被撞开了。周兵生一骨碌坐起来，问："怎么回事？"这个知青从地上爬起来，满脸是血，说："我半夜被**连队的知青打了，他们来了八个人。"周兵生连忙穿上衣，提根棍子，边跑边吹哨子。"大家快起来，我们连队的人被人打了。"知青们很快提着棍棒到球场集合，一起跑去抓那伙打人的知青，当时，抓着两人，其余六人跑回连队了。他们又追到那个连队，把那六人一起抓起来，送到营部。营部有个监督队，每天监督这几个人劳动，写出检查，然后放回。周兵生的威名一下子在全团传开了。从此，再也没有人敢来这个连队打架闹事。

每当营部或附近部队放电影，各个连队的青年人都会跑去看电影。各式各样的人聚集在一起，经常有人闹事。周兵生将连队的知青四人编成一组，有组长，分散在电影场周围，维持治安。只要有人闹事，周兵生的哨子一响，立即将闹事的人围起来，事情很快化解了。以后，只要有电影，放电影的单位（包括部队）都会通知周兵生的十四连。部队的同志还邀请十四连的知青进行篮球友谊赛，并请队员们吃饭。

一次，他们看完电影，回队路过砖瓦队时，正在下大雨，许多人跑着回家。当时，砖瓦队的同志正焦急地往砖瓦棚搬砖坯。在这节骨眼上，周兵生一声号召："同志们，我们帮他们搬砖坯！"知青们在连长的带领下，不分男女，一个个争先恐后，来回穿梭般奔跑搬砖坯。大雨浇在身上，头发湿了，衣服湿了，谁也没有后退，苦干了一个多小时，直到把所有在露天场的砖坯，都搬进了砖棚，砖瓦队的同志们非常感动，连声道谢。

一次，他们连队参加营里组织的开梯田、挖穴大会战。突然，天空下起了小雨，其他连队的职工，先后跑光了。这个连在连长周兵生的带动下，冒雨开梯田，挖穴，男女知青没有一人去躲雨，没有一人休息，直到圆满完成任务。

这个连队年年被评为先进单位。人们说："十四连是不倒的红旗。"

三　进高校深造

一块生铁要在大熔炉中反复淬炼，才能成为好钢，一个人才需要多次培养提高才能成为精英。

1972年下半年，昆明工学院第一次到农场招收工农兵大学生。农场职工、干部推荐周兵生去昆明脱产上大学。这是难得的一个机会，可是他当年分配时，学校的档案没有转下来。因为缺档案，这次上大学没去成。

1973年，农场职工、干部再次推荐他上大学，农场组干科根据周兵生的入党申请书，结合其在勐满农场做领导工作的父亲周笃顺的档案，重新建立档案。

1973年9月，他欣喜地跨进华南热作学院，学习橡胶栽培与加工。这个专业，对周兵生来说，正是对口专业，使他如虎添翼。

在班上，他开始当劳动委员，不忘自己的勤劳本色。一次，周兵生外出散步，无意发现鱼塘与厕所旁边有块未开垦的荒地。他就约几个同学，课余时间把这块地挖出来种蔬菜。这里取水用肥都很方便，蔬菜长得非常好。后来，学院要求各个班都种蔬菜，上缴学院食堂。

周兵生所在班级种的蔬菜品种多，质量好，经常受到表扬。

他担任班长后，恰逢海南岛闹地震。他领着同学到附近山上砍树，按照学院的要求盖地震房，质量最好。后来，短训班的同学要盖地震房，老师就说："你们去请加工七三班的同学帮忙。"周兵生就带着班上的同学去帮助他们盖房，把地震房盖得又快又好。他经常受到学院领导的表扬。

学满三年，周兵生大专毕业后回到农场（所在单位已由"生产建设兵团"改为"农场"）。他要求去橡胶加工厂工作。农场副场长韩保强考虑再三，觉得把他留在农场生产科发挥的作用更大。可以将橡胶栽培和橡胶加工一起抓。这样，周兵生成了农场的生产技术员。

开始，他全面跑各分场生产队。后来，他到三分场蹲点。定植时，他重点检查挖苗的深度。取苗后，注意"涨根"，定植时，要将土分层压紧。对定植好树桩苗，他用手轻轻摇一摇，有松动的，就扒开土看看，检查是否按照树桩苗的根系分层压紧。

1978年，工会主席陈景饶和周兵生等五人组成的工作组，去八分场组织学大寨。每人每天清坝带挖穴的定额是六个穴。陈景饶和另一位领导经常因工作关系上不了山。周兵生就带领两个女同志上山清坝挖穴，每天完成十八个标准穴的任务。队上的知青都很佩服。当年，周兵生被评为农场机关劳模，并当选为西双版纳州人大代表。

四　凭借改革东风，真抓实干

1984年，国营勐捧农场在上级工作组的指导下，进行了企业整顿，调整了领导班子，年仅34岁的周兵生从农场技术员，一下子调到场长的岗位上。这是农场党政领导和农垦上级党组织对他最大的信任。

当时，农场面对的形势很严峻。1974年大批知青回城后，农场的干部、会计、教师、医生严重短缺，生产队的工人缺员程度更大。有些以知青为主的生产队，此时只剩下个空架子。虽然，这几年农场领导采取一系列应急措施，从思普地区招收工人、农场内招、招临时工等办法来解决工人问题，而干部问题仍然严重不足。生产的发展，受到滞缓。

当时，农场领导分工，周兵生负责经营管理与财务。

橡胶是农场的主业，必须高度重视，应全身心去抓好这一工作。发展橡胶主业，干部是至关重要的。一群工人，没有干部的带领，就没有向心力，没有战斗力，就是散沙一团。

周兵生认为，要先抓干部队伍的建设。除了从本场各单位将能人提拔外，还应到外地去引进人才。招教师、医生、技术干部。

1985年，勐捧农场一次从云南农垦热作学院招聘栽培班学生30多人，加工专业10多人，充实到农场、胶厂和生产队。到九十年代，这批学生大多成长为分场的场长、副场长，还有的走进了农场领导班子。

1986年，勐捧农场从湖南九凝山私立大学引进30多名文科、医科专科生。分到机关、学校与医院、卫生所。农场的宣传报道工作搞得热火朝天。医院、卫生所对工人的医疗卫生服务工作也正常了。

当时，农场中学缺高中教师。农场新领导班子统一思想，由一名农场领导，带着组干科长，教育科长和高中校长到四川、湖南实地考察教师，当面谈条件，现场拍板选人。最终从四川招了4人，湖南招了2人，其他地方选了2人。又从湖南私立大学、师范专科招了4人，共引进12名高素质人才。这批人员中，后来有一人担任高中校长，三人担任副校长。大大提高了农场教师队伍的质量。

周兵生作为场长，主管农场经营管理。他明白，管理出效率；他更明白，搞经营管理，对产业必须知根知底，充分掌握第一手资料，进行科学分析、判断，正确地指导工作。

农场党委书记钱良儒让他先搞橡胶五年增产测算。周兵生详细地了解历年橡胶定植的面积、株数、型号、年份、阴坡、阳坡、高地、凹地、沙石地和壤土的差异，根据历年自然灾害情况，运用在华南热作学院学到的知识，静下心来，用了几天时间，精确地计算出全场几个分场，几十个生产队，几百个树位，在五年内每年递增的干胶产量，比农场专职统计师计算的还要准确。

年初，周兵生在职工代表大会上下达干胶任务时，改变了农场往年根据各分场头一年生产完成的指标，再定任务、下指标的做法，避免了“鞭打快牛”的现象。允许部分单位在过去较好完成任务的情况下，继续超额完成任务。

这个年轻的新场长刚上任，在职工代表大会分配干胶任务时，就让各分场的场长们口服心服。一下子在广大干部群众中树立了很高的威信。

橡胶加工厂的建设，是农垦企业最重要的工业建设，橡胶产品的质量、品牌，橡胶产品的占有率，是农垦企业做大做强的外部形象。

前几年，勐捧农场橡胶种植面积的快速增长，近年来新投产的胶林面积在迅速增加。原有的小型烟胶片厂根本不能满足需要。要建胶厂，按什么标准建，怎么布局，是个大问题。周兵生在华南热作学院学的橡胶加工专业，这里正是用武之地。

胶厂加工能力的规划是依据单位原料的总量，包括附近乡镇民营橡胶能提供的胶乳总量，来确定建厂的规模。勐捧农场八个分场，过去是一个分场一个胶厂，规模小，加工能力低，设施条件差，质量很难保证。只有建设大型胶厂，使用先进的生产设备，加强企业管理，才达到制胶的高标准，全面提升产品的质量。

如何定点？以胶乳的运输距离而定。一般运胶乳的距离以30公里为宜，运输的路程太长，胶乳容易变质，会严重影响干胶的质量。根据上述情况，勐捧农场确定建三个大型胶厂。

一胶厂一期工程，日产20吨干胶，年产达到4000吨的加工能力；二胶厂一期工程日产20吨干胶，年产达到4000吨的加工能力；三胶厂一期工程，日产20吨干胶，年产达到4000吨。三个胶厂二期工程扩大一倍，加工能力翻番。这样，就可以解决整个农场的胶乳加工，附近乡镇民营的胶乳代加工问题。

勐捧农场的制胶厂由于规划早；起点高、建设快，避免了频繁扩建、重复建设，为国家节约了上千万元的资金。

三个大型胶厂作为农场直属单位，由农场直接管理。周兵生作为场长，亲自核定胶厂的人员编制，吨干胶耗工、吨干胶原材料消耗、吨干胶维修费，确定产品质量的等级率。核定胶厂的用工、用资的节约奖与产品质量奖。

这些年来，制胶工作一直平稳、高效运行，产品质量好，一级胶达到99.8%，而且成本低。农场的效益好，经济活，相当于建了一个自助银行。

五　敢立时代潮流，并寨进场大发展

1988年8月，组织上为了进一步培养周兵生，让他脱产进云南省党校学习一年。这段时间，由农场党委书记钱儒良兼任场长，周兵生挂职副场长。1991年4月，周兵生再度回到场长岗位上来。

党的十四大以后，“改革开放”更加深入广泛，各行各业出现了快速发展的景象。

当时，农场的橡胶种植要大发展，却受到土地资源的制约。农场的土地与周围乡镇群众的土地，形成插花形分布，大家都想扩大橡胶种植面积，可无法放开手脚。勐捧农场如此，西双版纳州各大农场的情况也是如此。

到了1992年，勐腊县境内的梭罗寨、新民寨、小星寨的哈尼族村民，要求进农场，他们联名找县政府。

将民族村寨并入农场，必将引起农场体制的重大改革，牵涉到统一规划，扶贫开发，资金筹措等诸多具体问题，需要极大的勇气与魄力。

周兵生认为这是农场发展的新机遇，新起点，千载难逢，一定要抓住。他和农场领导一班子人统一思想后，立即与书记、副场长分别带领工作组，前往几个民族村寨做具体接收工作。

这些哈尼族村寨，千百年来，一直处于原始社会状态。边疆解放四十多年了，生活在平坝的傣族，靠近交通线的其他民族（包括哈尼族）的生产、生活都发生了翻天覆地的变化。然而，这里的哈尼族，身居大山，不通公路，与外面的世界隔绝。他们习惯了代代相传的毁林开荒，刀耕火种的生产方式。致使水土流失，地越种越薄，家越盘越穷。一片山的谷子收一萝，一家的财产装一筐。

地方政府七十年代就扶贫，二十年过去了，谈何容易，穷困依然在这些大山根深蒂固。

要接收他们进农场，就要解决他们一个寨子男女老幼的吃穿住行问题。西双版纳其他农场难道就没有想过这一招吗?

英雄奋志，横刀立马。

以周兵生为首的勐捧农场领导班子，他们敢接这一招，敢胜这一仗。

他们每接收一个寨子，就把这个寨子的全体村民当作农场的职工家属。在这个寨子建立一个生产队，将青壮年吸收为职工。选派老生产队的干部、职工做骨干，重建新家。寨子里的村干部当生产队的副队长。

同时，筹款上百万元，修道路，架电线，安装自来水管道。建立小学校，成立生产队卫生室，使小孩有书读，村民有看病的地方。修建简易住房，使村民脱离低矮、黑暗、不卫生的窝棚。修建公共厕所，打扫村内卫生，并要求关猪打狗，改变过去遍地狗屎牛粪，人们随地大小便，到处臭烘烘的脏乱环境。

寨子的面貌很快改变，通路、通水、通电，新生活日新月异。村民们喝上了白花花的自来水，家中点上了明亮的电灯，也可以坐上农场的车子出山了。职工能按月领工资。这一个月的工资能抵过去好几年全家的收入，人人都能吃上饱饭了。老人达到退休年龄的，发放补助金；超过招工年龄，不到退休年龄的，他们可以在农场找份临时工作，等到退休年龄时发补助金和临时工的工龄补贴。幼有所教，老有所养，一夜之间，一切都变了样。

僾尼职工能不高兴吗？能不感恩图报吗?能不发愤图强吗？他们不论男女，个个都能吃苦耐劳，在技术员的指导下，在生产队领导的带领下，人人争先恐后，使足了力气干活。队里的生产进度唰唰地上去了。当年开荒，当年定植胶苗，创造了一个又一个奇迹。

年底，许多职工被评上了先进，胸前戴上大红花，站在领奖台上，脸上笑成一朵花。

这种并寨进场成功的典型，得到勐腊县政府与西双版纳州扶贫办的肯定与支持。

这样，进一步调动僾尼村寨与农场双方互动的积极性。它使并寨进场的工作，一波连一波，一浪高过一浪。

1991年至1995年，共有15个村寨带土地进场。农场接收总人口2777人，土地面积16.4万亩，组建生产队49个。

并寨进场的工作，最早起于八十年代的韩保强书记，开创了成功的范例。钱良儒书记继而成功地做了这方面的工作。但高潮的兴起是在周兵生任场长这段时期。一是有前辈的经验可借鉴，二是他此时正年富力强。

勐捧农场并寨进场的政策不断完善。周兵生认为，这些僾尼村寨，过去基本上处于原始社会状态，一下子进入到社会主义国营农场，底子太薄，生活差距太大，要想共同进步，必须给予政策上的倾斜。

1995年，国营勐捧农场党委决定，建立教育基金拨付50万元，对贫困学生进行扶持。同年9月建立扶贫基金，拨出12万元，对民族职工的特殊困难，进行补助。

一段时间，梭罗、新民、小星寨的村民中疟疾流行。农场派医疗小组进驻这些村寨，治疗病人，组织大范围打扫卫生，喷洒消毒剂。同时，拿出钱来给职工、老人、小孩买蚊帐。

干部中有不同意见，周兵生总是耐心地开导。他常说：“人的思想境界有多高，企业的发展水平就有多高。”

为了改善职工的居住条件，农场实施小型住房自建公助。每家的住房面积为50平方米。

最先在七分场的梭罗、新民、小星寨等六个生产队实施，改善了居住条件，职工非常高兴。后来又推广到全场。

统一规划，家家都建成一个小庭院，中间是绿化地，种花种草。你进到生产队，就像走进了小花园。不少家庭还装修得很漂亮。

僾尼职工月月有工资，大多数人年年领奖金，生活日渐富裕。许多青年买起了摩托车，冰箱、彩电进入了普通工人家。短短几年，僾尼人进入了小康社会。

六　积极发展二、三产业

国营农场单一的橡胶产业，抗风险能力比较弱，干胶的销售价格受市场行情的影响，时高时低。极大地影响农场经济的正常运行，必须走多种经营的路子。

勐捧农场领导班子，听取了多方面的意见，进行了科学的论证，制定了建设金凤宾馆、金凤木材厂、金凤电站的重大决定。

党委书记周兵生认为，这些产业的建设，将使国营农场对社会发挥更大的作用，做出更大的贡献。同时，也必将得到社会的回报，增加农场的收入。与第一产业互为犄角，相互支持，增强抗风险能力。同时，这些产业可增加上千个就业岗位，解决在割制胶改革和机关改革中出现的富余人员的安置问题。一举数得，何乐不为?

西双版纳优美的原生态风景，多姿多彩的民族风情，中国独有的热带雨林，是全国最佳的旅游地之一。建设星级宾馆，可以接待全国各地的游客，也为西双版纳打造旅游强州添砖加瓦。

勐捧农场1992年投资5600万元，1997年竣工，在景洪市城区新开发区建成了总面积13000平方米，绿地面积3000平方米的三星级金凤大酒店。1994年在勐伦植物园附近，投资1000万元，建成了3300平方米的翠馨园大酒店。不久，又在勐腊关累港，兴建了鑫累大酒店。

勐腊县有四大国营农场的橡胶和地方乡镇的民营橡胶近100万亩。部分已投产30多年，面临胶园更新改造，将有成片面临砍伐的老胶树。而这些老胶树，木材直，木纹细，是理想的木地板材料。

根据云南农垦集团的统一规划，勐腊县内要建一个木材加工厂。勐捧农场占了先机，投资1700万元，建成了年生产20万平方米木地板条，1万平方米的板方材车间。1998年正式投产运行。

在南腊河下游建立电站是勐捧三代农垦人一直以来的夙愿。

电站在上级党委的重视和支持下，采用透明、公平、公正的办法，对国家正规的水电队伍进行招标。

建设电站由场长刘平东担任副总指挥，党委书记周兵生亲自担任总指挥。

1996年8月，电站正式破土动工。为了确保工程质量，为了抢工期和节约成本，农场领导操尽了心。

以周兵生为首的农场领导，为了请电站工程和监理专家，四次去长沙，数十次去昆明、曲靖。由指挥部、监理、设计、施工等单位召开的联合会、现场会、座谈会达300余次。足见周兵生作为总指挥，一直把电站的百年安全系在心上，对工作极端负责任。

人们不会忘记，当导流还未锁口，突然暴涨的南腊河水，把简易桥面的槽钢卷成“麻花”。周兵生和刘平东带领指挥部的全体成员齐心协力，冒险在急流中架起新桥。推土机冒着风险冲到河对面的导流洞工地，将处于手足无措的施工队伍稳定下来，按时完成导流洞的施工任务。

人们没有忘记，为了抢1997年第一次安全度汛，确保砼覆盖全部基坑。周兵生组织农场机关、一分场机关和场直单位突击队，不分白天黑夜，拼搏在工地上，苦战40天，完成一万方毛石的装卸任务。在挥汗苦战的日子里，周兵生身先士卒，总是冲在前，衣服常常被汗水贴在身上，湿了又干，干了又湿。此时，无法分辨谁是领导，谁是工人。

人们怎能忘记，为了抢第二个安全度汛，保证沙石料的供应。周兵生带领导农场机关突击队吃住在一分场。在第二个度汛的关键时刻，勐远石料场的公路桥垮塌，指挥部领导和农场机关工作人员齐上阵，从清晨一直干到晚上十点多钟，将一条新石子路修通。

人们清楚记得，由于泥沙的淤积，2号尾水闸门提不起来。指挥部组织清淤大会战。数千人三班倒，突击清泥沙。抽水机的轰鸣声，竞赛的口号声，传递泥沙的呼号声，昼夜响彻整个工地。农场、分场、生产的领导和职工，坚持了四天四夜。人人都是一身水一身泥，谁也不肯后退半步。

在电站的建设中，周兵生就像战争中能谋善断的统帅，又像能带领将士攻城略地的将军。这段时间，他忘记了自己还有一个温暖的家，忘记了自己的爱人与孩子。这几年，他除了奋不顾身地战斗在电站工地，还以惊人的胆魄领导和指挥一个正在高速发展的农场。

农垦人特别能吃苦，特别能战斗，特别能奉献的精神，让外来的施工队和当地的少数民族群众深深折服。

正是这种精神，迎来了2000年12月21日两台机组同时试运行发电的捷报。书写了勐捧人震撼人心的时代奉献之歌。

七　出实招、创伟业、企业腾飞

国营勐捧农场在其发展的30年中，由小到大，由弱到强。一个很重要的原因就是决策者敢出实招。在企业的快速运行中，只有出实招才能创伟业，展翅腾飞。具体体现在如下方面。

（一）加强管理

1994年到2003年是勐捧农场快速发展的10年。

为了建成速生、高产、稳产的现代化橡胶园，周兵生大力推进满负荷工作法，不断提高工作效率。首先，对分场的投资实行包干，不同地段的工作区，投资标准不同。

鼓励各单位抗旱定植，要求每年六月底定植结束。七月份是雨水充沛的月份，各单位进行补换扫尾。为全场中幼林速生，植株整齐创造条件。下半年，要求新种植的林地种植50%的活覆盖，成活率达96%以上。

对幼林的管理，分为三个档次：A低档，植胶带上，做到“三砍三锄”；B中档，在“三砍三锄”的基础上，实行活覆盖；C高档，在前两项达标后，实行田园化，造海绵田。每个树位年施农家肥4吨以上。达到高档管理，即为林管标兵。

（二）实行割胶制度改革

应用科学技术，采用乙烯利剂刺激割胶部位的原理，将两天割一刀改为三天割一刀，产量不会减少。不仅节约了树皮，还减轻了劳动强度，提高了劳动生产率，可以多割一些树位，割胶人员明显减少。

1998年试行割胶制度改革，1999年实行全场割制改革，比1998年减少525人，比1997年减少1638人，但胶工的割胶产量却大大提高。1997年，胶工人均年产干胶3.21吨，1999年胶工人均年产干胶5.44吨，大大提高了劳动效率。

（三）精兵简政

压缩机构，精减人员，提高机关的办事效率，更好地为人民服务，是我们党一贯的主张。

勐捧农场在九十年代初，就开始了试行这方面的工作。1994年，全场进行全方位定编定员，与经济效益挂钩，与考核、评定、表彰先进单位挂钩。

1998年农场精简机构，压缩科室。农场场部27个科室压缩到14个，正科长级由27个压缩到17个，正副科长竞争上岗。机关工作人员由95人压缩到75人。分场按核定的管理人员编制，拨付每月工资。以先进单位的评定考核分，作为发放奖金的依据。

各单位用工中实际节约的人数，以百分率计算，在千分制考核中加分。年终评定先进单位，对管理人员进行奖励，有力促进了全场人员的精减。

（四）加强干部的培养工作

要建设现代化的国营农场，首先要建设一支过硬的干部队伍。在少数民族工人占职工总人数40%的农场，要特别注意培养少数民族干部。一方面要大胆提拔能苦干实干的人当干部，另一方面要积极创造条件，教育、培养他们，使他们尽快成长起来。

全场少数民族干部，副队级203人，副科级21人，农场领导副级1人，在干部队伍中占有很大比例。

首先，组织扫盲班，让他们学汉语、学文化。每年根据生产需要，办各种专业培训班（不分民族），提高他们的专业技术水平。同时，组织部分干部参加上级举办的短期培训班。在农场组织的短期培训班中，以老带新，汉族干部帮助僾尼等少数民族干部。正队级、副科长以上干部，每年脱产五天，学习政治、经济与管理，从多方面培养他们。

每年选送部分干部到大、中专学校，进行中专、大专、本科学习，系统地提高他们的文化与专业水平。现在，全场生产队级干部，基本上都送到昆明农林学校或州党校学习过，达到中专或相当于中专的学历。副科长以上的机关干部，都达到了大专学历（含民族干部）。

少数民族干部通过各种学习，不仅提高了政治、管理水平，也提高了精神文明素质。

僾尼职工改变了千年"螃蟹不是肉，女人不是人"的旧风俗生育观，转变成生男生女一个样，独生子女成为风尚。全场当地民族育龄夫妇667对，办独生子女证271对，其他人都采取了相应措施。全场人口总出生率5%—6%，大大低于全州14%—16%的生育水平。

计划生育，天下第一难事，在这里出现了奇迹。

（五）提倡奖励机制

勐捧农场建立激励机制，奖勤罚懒，充分调动了广大干部、职工的积极性。

首先建立千分制考核办法，在各分场、各生产队之间，开展流动红旗竞赛。

单位之间比生产总面积，比人均拥有面积，比新苗定植，比文体活动；个人之间比割胶产量，比经济效益，比林地管理，比叶蓬增多。

精神奖励与物质奖励结合起来，对林管达到高档的，年底评为林管标兵，第一年奖700元，第二年奖800元，第三年奖900元，并晋升一级工资。对割胶高产标兵，第一年奖300元，每年递增100元。达到割胶技术与高产的，称为双标兵，在享受两份奖金的基础上，再加大50%的奖金。连续两年被评为标兵的晋升一级工资。林管标兵和高产标兵不受名额限制。

同时，每年在干部中认真评选先进工作者，对各级正副领导的奖励，与单位的绩效挂钩。

通过奖励，极大地调动了全场广大干部，职工的积极性，各项生产指标唰唰地上去了，创造了一个又一个超常发展的奇迹。

八 尾 音

1994年至2003年，是勐捧农场发展的黄金时期。橡胶定植平均每年超万亩，达到11152亩，相当于一年建一个大型分场，是1975年建场初期橡胶面积1.5万亩的73.6%。2003年全场橡胶总面积达到24.5万亩。在1997年9.9万亩的基础上，平均每年递增77%，建成了全国最大规模的橡胶农场。

勐捧农场的二、三产业，同样突飞猛进。固定总资产达到两亿多元，取得了令人瞩目的辉煌成就。

1997年，周兵生被云南省人民政府批准为“省劳动模范”。

1988年10月，经过半个世纪艰苦奋斗的国营景洪农场，年产一万吨干胶，成为中华胶王。1989年10月，三代人齐心协力奋斗的国营东风农场，年产干胶一万吨，成为第二个胶王。1993年11月，20年高速发展的国营勐捧农场，年产干胶达到一万吨，进入胶王行列。

二十一世初，乘胜前进的国营景洪农场再上一个台阶，年产干胶达到两万吨，成为新的胶王。不久，国营东风农场紧紧追上来，年产干胶两万吨，再次并列新胶王。国营勐捧农场这个后起之秀，2003年的干胶突破两万吨，达到20887.6吨，又一次并列新胶王。而且，总产超过前两个农场，成为产量最高的王中之“王”。

原载于《祁东文史》十三辑《祁东儿女云南支边记忆》

平民外交“官”

——记西双版纳农垦分局原民族外事科干事李登科

一位普通的民族外事科干事，多年来在不平凡的工作岗位上，凭着细致与踏实的工作作风，凭着才智与胆识，在接待和遣返多批印支难民工作中，闯过一道道难关，不辱使命，受到联合国难民署官员的称赞，为中国外事工作增添了一份尊严与信誉。

他就是李登科同志。1959年响应党中央的号召，随湖南醴陵支边大军来到西双版纳。到场时刚满24岁，担任生产队统计员。工作积极，要求上进，次年加入中国共产党，后来在勐养农场担任过基层干部。1970年3月调到刚组建的云南生产建设兵团一师政工科任干事。1974年恢复农垦分局后，他调到民族外事科任干事。从此，他逐步接触了民族工作、侨民工作、统战工作与难民外事工作。

一　一句话平息了场群官司

早期的民族科工作比较单一，主要是做少数民族的工作，协调农场与周边民族村寨的关系。

1975年，当时东风农场二分场知识青年为砍红椿树之事，与附近村寨一村民发生纠纷。事态迅速扩大，附近一个大队几个自然村的傣族群众，每天成群结队到二分场吃大锅饭。二分场每天打鱼、杀鸡、杀猪接待他们，谁也没有办法控制这一局面。

这事惊动了西双版纳州领导，州贫协主席刀光亮带着干部下去了。农垦分局派民族科干事李登科与生产科、宣传科的两位同志，一起下去，协助东风农场领导处理这件事。

原来，傣族群众有个乡规民约，谁先在一棵树上砍三斧子，这棵树就算谁先号下了。以后别人砍这棵树，就违背了乡规民约，必须赔偿一切损失。

这棵红椿树是知青砍倒的。一傣族群众说是他号下的，就组织几个群众把树锯成几段，从山上抬下来。知青看见后，很气愤，就把傣族群众抬树的藤条砍断了，砸伤了一位傣族群众的脚。于是，场群的矛盾一下子激发了。前后闹了一个星期，他们要求赔付这几个村群众每天的误工费和当事人的医药费。人们的看法一边倒，都认为是知识青年的错。

早上结案前，州贫协主席刀光亮建议："我们应该到现场去看一下，不然，我们处理问题无根据。"李登科和刀主席一起去现场仔细察看树上的斧子痕迹，他内心不断思索着，逐渐形成一条独到的见解。上午，会议上领导讨论赔偿问题，已做了决定：农场负责赔偿群众的误工费和医疗费。最后，刀光亮对李登科说："你们是工作组成员，老李，你来发发言。"李登科说："农场砍树是用宽斧子，傣族只有窄斧子。现在没有窄斧子的痕迹。如果这个当事人家里有宽斧子，或者他亲戚家有宽斧子，这棵树可算是他砍的。如果没有，就不是他砍的。"大家一致赞同。

小街公社与分局、农场、二分场的有关领导都去了。他们一起来到当事人家里，可怎么也找不出宽斧子，当事人一言不发。小街公社书记岩的说："我们认输了。"当天，傣族群众自己杀猪、打鱼，挑着新鲜蔬菜，敲锣打鼓送到二分场，表示言归于好。农场领导和工人给予充分谅解。本来双方闹僵的场群关系，一下子握手言和了。从此，场群关系比以前更融洽了。

二　我的意见：放行

1982年，农垦分局设立民族外事科，工作范围更大了。除了民族工作外，还管侨务工作、统战工作、宗教工作、外事工作。科里一名科长，干事只有李登科一人。

1983年12月29日至1984年2月6日，勐腊农场、勐醒农场、勐捧农场、勐满农场分两批接待了印支难民108户，312人。

1986年10月份，这些难民觉得勐腊县的条件艰苦，要自动离场到回泰国难民营去。当时，他们组织起来，扶老携幼全部赶到勐腊二分场三叉河难民队，风餐露宿，不听劝阻，情绪躁动。这件事惊动了州、县领导，惊动了省政府。省里主管难民的领导来电报指示："要做好难民的劝阻工作。"

勐腊县公安局有关负责人和四大农场主管难民的领导和民族科科长、干事，带着饼干与矿泉水，来到难民群众中，反复做工作。一个星期过去了，劝阻工作毫无进展。这时省安全局给勐腊县安全局发来电报。指示"放行"。

李登科把四大农场管理难民的领导和民族科科长、干事召集在一起，讨论处理办法，究竟怎么办？谁也不敢表态。有人说："这个态不好表，弄不好，犯错误，我们不敢负这个责任。"

李登科认为，对难民也应顺势疏导，不能僵持下去。难民的成分复杂，弄不好，恐怕出现难以预料的后果。他反复分析了这一情况后，果断地对在场的领导和同志说："放行！出了问题我负责！"

为了把工作做细，防止出现意想不到的问题，他把难民头头召集在一起开会，征求他们的意见，问他们："你们回国，能不能保证安全？"他们回答说："可以。"李登科说："你们一定要把人员组织好，千万不能出安全事故。"难民头头写了保证书，都签了字，说："如果出了安全问题，不怪中国政府。"难民很快聚集在生产队的球场上，李登科对难民群众宣布："好！我们放行，送你们走！"当时，难民一齐跪在地上磕头。后来，有人带口信来，说他们平安到达了目的地。

三　难民"妈妈"

1981年至1991年，西双版纳农垦分局先后接纳了2803名印支难民（老挝籍），安置在勐腊、勐醒、勐捧、勐满四大农场。当时老挝国内较乱，社会环境不大好，按照联合国难民署的意见，这些难民需要在中国作较长时间安置。首先要让他们有个安定的环境，有事做，有饭吃。云南省政府领导指示，同中国公民一样对待，不虐待，不歧视，一视同仁。

勐腊县人民政府在分局和四大农场领导的协助下，前后花了一个月时间，在靠近场区的地方，划出一些荒地，让难民种玉米、花生、旱稻、橡胶。有技术的难民，让他们修摩托车、自行车。同时，由联合国出钱，给难民每人每月发一定的生活费。难民生产所得，作为生活上的补贴。

为解决难民子女的上学读书问题，科长李宏富亲自与广西民族学院联系，将中国的小学课本翻译成老挝文字，印刷出来，供难民子女学习。从那时起，李登科努力落实各项安置难民的具体措施，把每一项援助款落到实处，帮助难民解决实际问题，频繁地奔波于难民队之间。当时，李宏富被人称为“难民爸爸”，李登科这位粗犷中显得亲切，不怕吃苦耐劳的硬汉子却被呼为“难民妈妈”。

一次，联合国难民署驻北京办事处官员贺尔先生按《援助协定之八》拨来专款45万美元，帮助难民完成生活配套，解决生活中的困难。李登科专款专用，组织人员，用拖拉机在难民集中的生产队推出三个鱼塘，并给他们买了放养的鱼苗；组织难民开垦荒地种植橡胶；同时，给每个难民家庭发一个鸡笼和五只鸡。组织人员给难民队修路，架电线，安水管，让难民有回到自己家园的感觉。

第二年，联合国难民署根据《援助协议之三》，拨来30万美元，在几个援建项目中，其中安排修建鱼塘是重复项目。李登科认为，难民最集中的生产队已经推了鱼塘，需要援建的项目还很多，此项目不应重复。他认为，难民生产的农副产品要运送出去，需要运输工具，小孩子和老人去看病，也需要有交通工具，不如买车子送给难民队。贺尔先生知道后说：“你写个意见，我带回难民署。”李登科连夜编制培训驾驶员、成立修理厂、解决难民就业的计划。联合国难民署不久批准了这个计划。一天农垦分局领导接到省民政厅电话，直接通知李登科去深圳接车。李登科认为，一次接十多辆车，第一是安全问题，第二是语言交流上的问题，怎么办？他准备从各农场选12名优秀的汽车驾驶员，同时提出了一个特别的要求：每个驾驶员带上自己的老婆，一路前行。这样能避免酒后驾车和开快车的现象，确保人车安全。为了解决语言交流上的问题，他请分局行办主任徐国璟同志前去做翻译工作，因为老徐懂广东话。他带着这些想法去请示刘韵婉局长。刘局长认为这办法可行，就批准了他的要求。

这样，李登科带着购车的款子，在老徐的协助下，带着汽车司机携家属20余人，直奔广东深圳，接回12辆50铃日本农用车。他们平安到达勐腊后，紧接着组织办班，培训难民驾驶员。

在使用难民款时，李登科百分之百安排对号入座，从未挪作他用。难民中，有些人从外国带来珠宝、美元与名贵钟表，李登科严格执行外事纪律，从不要难民送的东西，也不廉价购买他们的东西。一次，一名难民把自己种的旱稻米装在袋子里，提到他坐的小车上，他拒不接受，直到难民自己把米提下来，这在难民中树立了很好的中国外事人员形象。

难民工作得到联合国难民署官员的肯定，贺尔先生视察难民工作时，对陪同的领导说："这次看了，心情是高兴的，你们付出了劳动的代价，脚印踏遍了难民队，有数不清的好同志。"接着，他对国务院难民办副主任计华同志说："我们的思想差距很大，原来没想到这么好。难民收那么多谷子，收入这么大，很快就会惊动整个东南亚。"

四 做好难民的遣返工作

进入九十年代，随着国际形势变化和老挝国内形势的好转，这些难民回国的条件已经基本具备。1991年，国务院总理李鹏赴老挝访问时，提出了难民返回老挝的问题，得到老挝政府首脑的同意。中老两国签订了《关于遣返在华难民的协议书》。不久，中国、老挝与联合国三方会议达成了《备忘录》。联合国官员说："难民的安置办法最好在本国。"老挝政府官员说："我们欢迎他们回到自己的家乡，既往不咎。"分局民族外事科将《备忘录》原文印发，送到每个难民手中。

"外交无小事"，遣返难民是政策性很强的工作。李登科对难民一家一户逐人造册，"某某系*省*县*村人，拟定了分期分批遣返老挝难民的计划"。第一批是勐腊农场的难民，联合国难民署与老挝南塔省官员都同意了，农场知道后也作了准备工作。

难民内部比较复杂，他们的身世不一样，文化程度不同，贫富不等，信仰不一，也有不团结现象。李登科针对每批遣返的不同对象，从不同的侧面做耐心细致的思想工作与认真的组织工作，鼓励他们要团结，要相互帮助，不出差错、平安返回家园，开始新的生活。

每一批难民的遣返，都有联合国难民署官员、国务院难民办官员、省民政厅官员与农垦总局、西双版纳州、农垦分局、勐腊县、勐腊四大农场领导及民外科领导参加。前面十一批难民的遣返，都是严格按程序进行的，运送难民的车辆开到磨憨中老边境界碑处。联合国与中方的官员在中国境内欢送，老挝官员到界碑迎接，中方交上花名册，老方接过花名册，然后慎重签上字，难民下车后，依依不舍离开中国边境。

第十二批难民的遣返，则是在非常庄重的气氛中进行的。联合国难民署在这次难民遣返中组织观摩大会。与会的有国务院难民办、侨联、外交部、民政部、红十字会五个部级领导和广东、广西、江西、海南、福建五省区领导，共300余人。

这次观摩大会是检验勐腊县政府和勐腊农场、勐醒农场、勐捧农场、勐满农场的党政领导对难民的接待和遣返工作的成绩，更是检验李登科同志的工作成效与工作精神。当运送老挝难民的车队缓缓驶入勐腊磨憨口岸时，老方的官员早已在中老界碑等候。中方将最后一批难民的花名册交到老方官员手中时，南塔省民政厅长恩吉拉达代表老方慎重签了字。难民们走到界碑前，与曾经接待安置他们的中方官员依依不舍地进行告别，他们走到李登科面前，一一和他握手。一些中青年难民走上前去，和李登科亲切拥抱，脸上流着热泪，嘴里轻声地呼唤着“妈妈！妈妈！”李登科热泪盈眶。

是呀！从1981年到1991年的十年间，李登科也把他们当儿女一样对待，看着他们成长，鼓励他们进步，给他们创造发展生产、改善生活、学习技术的条件。他长年奔跑在勐腊、勐醒、勐捧、勐满四个农场的十几个难民队，关照2800多名难民。他顾不上照顾家中身体瘦弱的妻子，没有功夫辅导正在求学的儿女，全身心扑在难民工作上。

难民在这里没有小偷，没有抢劫，没有歧视，享受着自由、和平与安宁。他们有的在这里学会种了稻子、种橡胶、养鱼、缝纫，有的学会了开拖拉机、开汽车，学会了修理技术。有的在这里结婚生子，过着幸福的日子。

是的，今天他们要离开这个和平而熟悉的环境，回到自己的国家去，怎么不感到难舍难分呢?

李登科眼里含着泪，微笑着向他们点头，嘴里不断地祝福他们，内心涌动着一会儿酸楚、一会儿轻松而幸福的情感。在场的观摩团成员无不为之动容。

至此，老挝的难民已全部安全、顺利、体面、愉快地返回老挝。

中国为联合国的人道主义援助做出了重大的贡献，充分体现了大国的风度。

李登科作为基层一名普通的外事工作干事，在接待和遣返难民的工作过程中，却起到了一名外交官员的作用。他忠实地执行了中国人民在外事交往中，国家不分大小、强弱、贫富，不分政治信仰与宗教信仰，一律平等，和平共处的国际外交准则。反映了中国人民崇尚和平，以邻为友的高尚品质。他工作慎密，耐心细微，从未出过半点差错，维护了我国的国际信誉与尊严，为祖国的外交事业增添了新的光彩，受到国务院及省、州各级政府多次表彰。

1994年，国务院难民办发的奖状是这样表述的：

奖　状

李登科同志在遣返在华老挝难民工作中，成绩突出，被评为先进个人，特发此证，以资鼓励。

国务院难民办公室（章）

一九九四年一月

1994年6月农垦分局改制，由“事业”改为“企业”，按照云南省云发〔1994〕3号文件精神，凡工作满30年，年龄达到50岁，均可提前退休。批准退休前，农垦分局党委批准，副科级干部调到科级，普通干部调到副主任科员，工人调到高级技工。

在民族外事科工作24年，李登科同志以34年的工龄，58岁的实际年龄，副主任科员的职务同农垦分局27名干部、工人一起正式退休。从此，他为祖国的橡胶事业，为边疆的繁荣富强，为中国的民族外事的工作，画上了一个圆满的句号。

云南省民政厅难民办并没忘记他，退休后的第三年，即1997年，还给他发来了被评为“先进个人”的奖状。

这样的案例在我们政治生活中是罕见的。

幸福伴随我一生

——记云南省西双版纳农垦分局原保卫科长周开火

我曾经两次被毛主席接见，幸福伴随我一生。

——题记

1960年10月初，祁东万名热血青壮年，在衡阳地委、祁东县委的热情宣传、深入动员和精心组织下，坚决响应党中央、毛主席的伟大号召，心中涌动着“支援云南边疆社会主义建设”，“屯垦戍边”的雄心壮志，告别亲人，扶老携幼，离开自己熟悉的可爱的家乡，登上西行的列车，奔向那陌生而又充满神奇色彩的云南边疆。

周开火就是这壮行队伍中的一员。年满19岁的他，和爱人陈秀英带着刚满四个月的儿子，在白地市公社带队干部付隆刚的带领下，跟着按部队班排连建制组成的队伍，满怀豪情，来到西双版纳勐海县国营黎明农场五作业区十队。

黎明农场是1955年由一批复员转业军人，根据党中央“屯垦戍边”精神，建起来的西双版纳第一个国营农场。

当时的条件非常艰苦，“芭蕉叶子盖房子，大树底下做饭吃”。没有拖拉机，没有耕牛，复员转业军人就用自己的肩膀拉起铧犁的套绳，迈开艰苦创业的第一步。之后，农场的粮食连年获得了大丰收。黎明农场开始稳步向前发展，办起了职工医院，办起了职工子弟学校，成立了水工队和副业队。两年后，已经初具国营农场规模。

1958年12月，黎明农场获得国务院总理周恩来亲自签名的全国“农业社会主义建设先进单位”大奖状。分在这样一个先进农场当工人，周开火觉得有特殊的荣誉感、幸福感。

周开火和爱人把四个月大的孩子送到生产队托儿所，每天天刚亮就早早下地干活了。在生产小组里，他俩虚心地向老同志学习，拼命地工作，每天都超额完成生产队下达的定额，经常受到队领导的表扬，1961年底，他夫妻俩都被评为生产队“五好工人”。

周开火在家乡是务农，来到农场后从事大田粮食生产，两者的性质没有明显区别。但周开火却不这样认为，他说：“我是来自毛主席故乡的革命青年，来开发边疆，建设边疆。虽然都是种大田，但这是‘屯垦戍边’，是为建设祖国的第二个橡胶基地提供粮食，意义非常重大。”

在生产劳动中，他勇于挑重担，哪里艰苦就奔向哪里。

1962年春，生产队搞插秧大竞赛，他和工人陈元生报名进行24小时插秧。当天是星期六，一天紧张的劳动后，他俩傍晚进行插秧竞赛。晚上，大地一片宁静，星星在天上闪烁。他俩在水田中，“唰！”“唰！”“唰！”齐头并进，左手分秧，右手在水中轻快地点击着，身子快速后退，眼前立即出现一行行整齐的秧苗。小组安排有人挑秧、丢秧、打手电，一连几个小时，他俩谁也没有直起身子喘口气。深夜两点钟，作业区的张主任到田边来了。他身后跟着炊事员，送来了热腾腾的稀饭。两人非常感动，一个小小的工人栽秧，竟然牵动了领导。顿时，一股暖流流遍了全身。

喝完稀饭，肚子饱了，浑身是劲，继续拼命插秧。清晨7点钟，炊事员送来了稀饭。中午12点钟，炊事员送来了午饭。他们用完餐，立即回到水田里，弯着腰，飞快地插秧，谁也顾不上喘口大气，谁也没有喊腰痛。傍晚，生产队的会计来验收，他俩一天一夜共插秧6亩多。拔秧、送秧的两位同志第二天也投入插秧。这一次，全组插秧8亩，一下轰动了生产队，轰动了农场。

1962年4月10日，生产队长通知周开火去农场青年科。他怀着忐忑的心情赶到农场场部，青年科科长薛凤英告诉他：“周开火，共青团中央召开青年联合会议，农场领导研究决定，你代表湖南支边青壮年到北京开会。”他一下子震住了。这是真的吗？他回忆说：“幸福怎么一下子降临到我的头上？当时只有21岁的我，一时不知所措。晚上，我失眠了。我爱人，我组里的工人，队上、农场干部职工都为我高兴。”

在昆明，周开火和云南省去北京开会的7个同志会合了。其中，有共青团云南省委负责人，有云南大学青年教师，有勐仑植物园专家冯跃中，还有《五朵金花》导演杨红英，楚雄彝族青年教师等人。

4月16日，全国第四届青年联合第一次会议开幕了，全国各地的青年300余人参加会议。胡耀邦同志代表共青团中央向大会做报告。会议开了6天，许多同志在会上发了言。周开火怀着十分激动的心情，代表湖南支边青壮年在大会上向共青团中央表决心："我们湖南支边青壮年，坚决扎根边疆，同各族人民一道，把云南边疆建设成稳定、繁荣、富裕的社会主义新边疆。"这次会议上，他光荣地当选为全国青年联合会委员。

会后，团中央安排了6天时间，让他们这些来自基层、来自边疆的代表，去参观首都的十大建筑：人民大会堂、中国历史博物馆、军事博物馆、民族博物馆、体育馆、工人文化宫、英雄纪念碑，中央广播电视台、民族学院等。

他无限感慨地说："我们这些来自边疆的青年人，平时只见过低矮的瓦房和茅草屋，只见过泥泞的田间小道和镇上狭窄的街道。来到首都北京，见到宽阔的天安门广场和十里长安街，让我大开眼界。首都的十大建筑，高大雄伟。我们几百名前来参观的代表，个个惊叹不已。新中国建立才10多年，就取得了如此辉煌的成就。这说明中国共产党英明伟大。"

4月27日下午，全体与会代表聚集在中南海怀仁堂。5时整，国家领导人健步走来接见全国青年联合会的全体同志。

代表们个个心情无比激动，一边使劲鼓掌，一边高呼："毛主席万岁！""毛主席万岁！""伟大的中国共产党万岁！"

云南边疆少数民族地区来的代表，站在受阅队伍的中间。毛主席和党中央的领导同志慢慢向代表们走过来，同前排的同志一一握手。周开火拼命地鼓掌，口呼："毛主席万岁！"脸上流着热泪，全身热血沸腾，沉浸在无比的幸福之中。

接着，毛主席和党中央领导同志在前排椅子上就座，同全体代表合影，只见相机不停地闪光，将此刻的幸福定格在一张80厘米长的相纸上了。后来，周开火动情地说："每当我看到这张照片，就想起那幸福的时刻，内心就激动不已。"

4月30日下午，敬爱的周总理给全体代表作报告，使代表们更加深刻地认清形势，明白肩上的重任，更坚定为社会主义事业而奋斗。当晚宴会后，周恩来总理前来参加代表们的联欢会，整个会场又沸腾起来。

云南和其他边疆省、自治区来的代表，受到特别的照顾，看戏时都坐在前面。

首都的表演艺术家与青年代表中的文艺骨干同台演出，赢得了一阵阵热烈的掌声。

中间，周总理和《五朵金花》的导演杨红英跳舞，又把全场的热烈气氛推向高潮。

回到西双版纳国营黎明农场后，场领导让周开火向坝区各个生产队的职工，传达这次全国青年联合会第一次会议的精神。

党中央和毛主席对边疆农垦工人、对湖南支边青壮年的巨大关怀，深深地打动了农场每个干部、职工的心。会后，他们纷纷表示，一定要努力工作，搞好粮食生产，办好国营农场，用实际行动来报答党中央和毛主席的殷切关怀。

回到生产队，周开火继续当工人，每天都觉得有使不完的劲，不论干什么工作，天天超额完成生产任务。

凤凰农场是短期作物场。他调到烤酒组后，跟着组长王守颜（复员军人）砍甘蔗榨糖，跟着老工人杜大本烤酒。每天清晨6点上班，一直干到晚上9点才下班。

他们将甘蔗渣与糖沫拌好后，填充在水泥池中进行发酵，一个星期后取出来烤酒。当时，烤酒房有7个池子，每天取一个池子的料，再将新拌的原料填进池子，用脚把它踩实，覆盖好。如此7天一个循环。

傣族群众很喜欢喝酒，他们经常到队上来买酒。工商部门的人一来，便把糖和酒全部收购了。烤酒组每天的任务是烤出100斤白酒，他们埋头苦干，每天烤200斤，200%完成任务。

他们组每年12月至次年4月烤酒，5、6、7月下大田栽秧，8、9月砍柴火，10、11月上地里收水稻、玉米、花生。

收水稻时，男同志拖掼槽、打谷子，女同志割稻子。一个掼槽每天定额打10亩地，他们一个掼槽每天打20亩。尽管每天的工作很累，但他心里总是乐呵呵的。

1962年9月在曼老山砍柴火，一不小心，周开火的斧子从大树滑落到自己的左脚背，鲜血直冒。当时幸好卫生员跟着上了山，立即止血、消毒，进行包扎。同志们都劝他回队休息，他坚决不下山，每天带伤工作。当时，他们每天的任务是一堆柴火（宽1米、长1.2米、高1.7米），周开火每天都超额完成了。

一次砍柴火时碰到一棵漆树，周开火全身过敏，发红发痒，浑身上下起大泡，把一些工人都吓着了。他从卫生员那儿拿点药，服下后又继续砍柴。

1962年10月，周开火光荣加入中国共产主义青年团。1964年，他在生产小组担任政治组长，陈元生担任生产组长。1963年9月21日，周开火接到云南省青年联合会的通知，25日上昆明开会，会议5天，恰逢国庆节，领导给他们每人发了一张上观礼台的票。10月1日上午，周开火和青年联合会的代表一起在东风广场观礼台，观看昆明市群众庆祝游行。他觉得浑身涌动着幸福的暖流。

1965年1月14日，周开火再次接到通知赶到北京，参加全国青年联合会第四届第二次会议。会议在团中央礼堂举行。北京市市长彭真同志到会作形势报告。

第二天，举行全体委员座谈会，胡耀邦同志出席并主持了座谈会。优秀青年代表邢燕子在大会上发言，她代表广大青年向团中央表示，努力建设好社会主义新农村的决心。会上，代表们踊跃发言，各抒己见，气氛十分热烈。

1月28日下午5时整，国家领导人亲切接见了与会全体青年代表。

300多名青年委员无比激动，掌声雷动，“毛主席万岁！”“毛主席万岁！”的响亮口号声在大厅振荡。周开火当时任凭热泪在脸上流淌，一股股幸福的暖流涌遍全身。

回到凤凰农场后，黎明总场领导安排他到广门、景真、星火、勐阿等农场，传达第四届全国青年联合会第二次会议精神。在有关领导的陪同下，每次他都以十分激动的心情，向农场干部、职工传达会议精神，传达党中央、毛主席和共青团中央对国营农场的关心，对边疆少数民族地区青年的关怀，对湖南支边青壮年的关怀。

正是党中央和毛主席的亲切关怀，激励一代又一代青年奋不顾身地艰苦创业，激励湖南支边青壮年团结农场的新老职工及场区附近的少数民族群众，在各级党委的正确领导下，为建设祖国第二个橡胶基地，几十年不懈地奋斗着。

回到生产队小组里，他仍然兢兢业业地干好每一天的工作，当好一个工人。

他说：“我心里非常清楚，我只是做了自己应该做的工作，党和人民却给了我极大的荣耀。我是沾了黎明农场的光，沾了老同志的光，沾了湖南支边青壮年的光。”

他更加明白，今后要永远忠于党忠于人民，埋头苦干，为农场的建设，为边疆的发展多做贡献。

1965年10月，他被调到凤凰农场当青年干事。他经常下生产队，了解青年的思想动向，和他们做朋友，把思想政治工作做到班组，做到个人。

1966年6月，周开火光荣加入中国共产党。从此，他用党员的标准严格要求自己，身在农场机关，不忘普通劳动者的本色，经常下到第一线，积极参加劳动，和工人群众打成一片。

1964年至1965年，周开火连续两年被云南省农垦总局授予“五好工人”光荣称号。

1967年他担任生产建设兵团一师五团二营保卫干事。1974年10月，撤销生产建设兵团恢复为农场体制后，他被调到国营黎明农场保卫科担任科长。

“文革”期间，周开火坚持党的政策，努力维护党的原则，不参加派性斗争，并力争做好各派群众的思想工作。他只读过高小，文化程度不高。他说：“政策和策略是党的生命，我必须认真领会、吃透上级的文件精神，正确处理人民内部矛盾，协助农场党委做好群众工作。”

改革开放初期，社会上各种思潮异常活跃。我国过去长期关闭的“门、窗”一旦打开，新鲜空气进来了，一些“苍蝇”“蚊子”也飞进来了。地处祖国边境一线的黎明农场成了贩毒者眼中的便利通道。不仅内地的不法分子进入边境地带运毒、贩毒，连农场个别老工人的子女也卷进入了这一罪恶行列。打架、盗窃之风如大潮涌动时的沉渣泛起，防不胜防。

那时，农场保卫科忙于四处“灭火”，周开火是保卫科长，工作更忙了。

提到与社会邪恶势力做斗争的农场保卫科科长，人们一定会想象他一定是个高大、威武、勇猛的男子汉。周开火却是一位身体单薄、中等个子，常常面带腼腆笑容的人。他凭着一身的勇气、胆识和智慧战胜邪恶势力，凭着那永远在心中燃烧，照亮他前进方向的那团“幸福”的火焰而勇往直前。他是各种形形色色的犯罪分子面前不可逾越的高墙。

那几年，周开火带着公安干警，常常夜以继日，奔走于各个分场和生产队之间。每天疲于奔命，家属担心，亲朋心疼。他没有星期天，没有完整的节假日。他顾不上对爱人进行关心、体贴，顾不上对孩子们的关怀与培养。

1983年3月，中央决心全面整治社会治安，开始了为期三年的严打活动。要求办案从快、从重、从严，有一起，打一起，决不手软，不留后患。

身为农场保卫科科长，周开火并不满足于已有的成绩，决心认真贯彻中央的联防联治政策。

1983年农场保卫科共有7名干警。他将6名干警分为3个组，每组两人，与分场的干警组成3人小组，负责勐遮坝区3个分场，五、六、七分场各为一组，场直单位为一组，自己全面负责。

在长期的维稳执法过程中，周开火将满怀的幸福转变为爱，教育群众，关爱职工，温暖工人群众的心。在黎明农场党委的正确领导、大力支持和深切关怀下，在广大在职工人、离退休老同志和家属的大力支持下，保卫科的联防联治工作取得了很大的成果。

各个联防联治工作小组的同志深入基层，下到各生产队，充分发动群众，开展耐心细致的思想工作。很快得到了广大群众的理解和支持。农场内部各种刑事案件的发生率很快降下来，形势向好的方向发展。下面一旦出现了什么情况，群众立刻毫无顾忌地反映上来。因此，他们对发生的事态或案件了解及时，能很快获得第一手资料，能迅速全面掌握案情。虽然他们没有先进的破案工具，但常常破案及时，并未出现错案。这让公安战线上的领导感到很惊奇。

从1983—1986年的“严打”阶段，虽然执行的是严刑峻法，但周开火并不是无情的“铁面判官”。他认为，对群众重在教育，要用真情教育、感化有不良思想和行为的人，争取让更多的案情按人民内部矛盾处理。他平时走访基层，总是面带笑容，走到哪里都能很快融入群众之中。

周开火说：“每个干警都应该成为人民群众的贴心人，只有多做深入细致的群众工作，才能消除许多错误观点，减少犯罪现象。”

为了提高全场公安干警的政治水平和思想素质，他联系了重庆市西南政治学院，经农场党委同意，每年选送3—4人前去培训，每期半年（包括分场的干警）。几年后，除了他自己外，农场的干警全部进行了轮训。为了进一步提高农场公安科民警的业务、思想水平，他选派谭运八等三名公安干警进云南民族学院法律系学习两年，达到大专水平。

农场全体干警经过培训，政治素质和业务水平大大提高，联防联治的群众工作做得更出色了。周开火年轻时的幸福感传递得更宽更远了。

1986年，周开火被云南农垦总局授予“先进工作者”光荣称号。1989年被云南省农垦总局，云南省公安厅授予“保卫战线先进工作者”光荣称号。

1991年6月，周开火被调到西双版纳农垦分局公安科当科长。他工作管理的范围更大了，接触的事情更多了。过去只管一个农场，现在要管十大农场的治安。除黎明农场外，还有九大农场的情况需要熟悉。不能等着吃别人的“现成饭”，要了解下面的基本情况。他到分局没几天，就一头扎下基层去了。

1992年，他决心像黎明农场培训基层公安干警一样，将全分局十大农场和局直的公安干警集中一段时间，请云南省公安厅派专家和教授下来讲课，提高他们的思想素质和业务水平，以适应新时期出现的新形势和新任务，做好人民生命财产的保卫工作。

他草拟的公安干警培训方案，上报省农垦总局公安处，得到了公安处领导的赞许。他们认为，这是一个极大胆的好方案。公安处领导立即发文，通知垦区六大农垦分局保卫科，在西双版纳州农垦分局举办云南省全垦区公安干警培训班。几天后，各农垦分局、各农场的公安干警都到西双版纳州农垦分局集中了。

原来西双版纳州农垦分局公安科主办的干警培训班，变成了省农垦总局公安处主办，西双版纳州农垦分局公安科承办的云南农垦系统大型公安干警培训班。云南省公安厅领导余斌和专家、教授都来了。这次培训班开办了三个月，极大地提高了云南农垦系统公安干警的整体政治素质和执法水平。

此后，周开火经常下农场、下基层，指导和配合各农场公安科破案，惩恶扬善，协调场群关系和农场内部职工之间的关系，正确处理人民内部矛盾。

1994年6月退休后，和辛劳一辈子的老伴陈秀英开始过着普通人的生活，然而，他觉得年轻时拥有的那种幸福，伴随自己的一生。今年虽然七十有三，仍浑身上下充满活力。他的外孙已结婚生子，大孙媳妇已有身孕，四代同堂，岂不乐哉。

在结束对周开火的采访时，他颇有感触地对我说：“幸福伴随着我一生的成长，我是最幸福的人。”

原载于2014年《勐海史志》

一个平凡人的传奇

我和鄢家骏同志相处40多年，要说熟悉，那是没说的。要说了解对方的内心世界，却没有那么简单。

二十世纪七十年代初，我俩都被调在国营黎明农场总场政治部工作。我管学校教育，他搞宣传报道工作。八十年代初，我俩都被调到西双版纳农垦分局工作。我在教育科，他在宣传科，经常见面。大家叫我“颜老师”，称他“鄢老师。”发音差不多，经常被人混淆。

然而，老鄢一直以专一执着的精神，从事文学写作，书写了西双版纳农垦波澜壮阔的发展历史和西双版纳州半个世纪翻天覆地的巨大变化。从而，也铺设了他自己不平凡的人生轨迹。

一　勤奋写作

1959年冬，鄢家骏同志怀着对新生活的向往，只身来到国营黎明农场的一个生产队。面对宽阔平坦的勐遮坝子，面对农场的艰苦创业，他心潮澎湃，决心用手中的笔，描绘边疆的美景，放歌农场的火热生活。

几天后，他的第一篇习作散文诗《路》，被《西双版纳报》发表了。他欣喜若狂，决心为农垦事业继续写下去。

七十年代初，他被调到国营黎明农场政治部，专职从事新闻报道工作。为他追求文学梦铺平了道路。

平时，他除了开会学习和机关安排的各种劳动外，外安排整块的时间下基层，围绕农场党委的中心工作进行采访，获得第一手资料。之后，他筛选、提炼，写出新闻报道、诗歌、散文或小说。

他非常勤奋，上班时间写，回到家中继续写。星期天，别人休息了，他还在写。“文革”中，人们热衷于搞政治运动，他却心无旁骛，躲在家埋头写。他在爱人的支持下，伏在低矮茅屋的小桌前，在昏暗的油灯下，有时在松明子抖动的火光下坚持写。他从不满足已有的成就，从没有停下写作的步子。小说《鞭杆精神》是他七十年代的代表作。

八十年代初，鄢家骏同志调西双版纳农垦分局的宣传科任新闻干事。农垦系统正在艰苦创建祖国第二个橡胶基地这项伟大的事业中，典型更密集，题材更丰富了，他的胸襟也更开阔了。

他决心为农垦人写春秋，为建设第二个橡胶基地的建设者们热情讴歌，为西双版纳州的繁荣昌盛激情点赞。

他经常参加全州举办的各种文学艺术骨干培训班，在那里得到不断提高。他经常给学员们讲课，给他们讲述自己的创作体会与经验，进一步提升和丰富自己的创作理论。

他的足迹踏遍十大农场每个生产队，踏遍每座胶林，每片农田。他采访过各种先进个人、集体，也接触过无数普通的农垦工人，写出了许多歌颂工人的忘我劳动精神和勇于奉献、勇于牺牲的大无畏英雄气概的诗歌。他走访过西双版纳的每个军营、警营，发表过多篇动人心魄的军旅文章。

二　不断进取

鄢家骏同志在文学的道路上，勤奋写作，孜孜以求，不断进取。翻越了一座座高山，淌过一条条溪流。穷极自然之规律，探求山水万物之奥妙。

曼厅公园的贝叶林，我见过不只10次。虽然每次见了都很感慨，感受到贝叶文化的传奇色彩，但只停留在表面感性认识上，并没有深究下去。

在诗人眼里，到处都是浓浓的诗情，老鄢在《曼厅公园的贝叶林》诗中，这样写道：

这片贝叶林很小，但涵盖却博大无边。

早晨，我漫步在这片贝叶林里，就好像漫步在一个灿若星海的文化世界里。

晨风沙沙吹来，满林子弥漫的竟是诗音经纶。

顿时，一串串文化露珠淋湿了干渴的思维。
那是《召树屯与南穆诺娜》的诗句在流淌？
那是《千瓣莲花》的优美传说在呢喃？
那是八万四千部壮丽的民族史诗在展示？
……

这里，作者用诗的语言，揭示贝叶文化的丰富内涵与厚重价值。

作者另一篇散文诗《基诺山短章·醉》，更让人的精神为之一振。

基诺山，你醉了么？
此时，夕阳的红晖像火一样，抹红了蓝苍苍的基诺山。
44个基诺克村寨，仿佛畅饮了50度苞谷烈酒，
满面红光，豪气飞天。
你醉了么，我们欢腾的基诺山！
醉了，原始村落的狼烟消失了，蓝天下尽是文明的春雨在尽情地飘洒；
醉了，追赶太阳的鼓声擂响了，大山被剪影成一个民族跨世纪的鹰雕；
醉了，苦水煮野菜的日子结束了，基诺山何处不是蜜在流淌甜在飘香；
醉了，贫穷的窝棚被风吹跑了，基诺人同富裕一起家家搬进了小洋楼；
醉了醉了……

作者以火一样炽热的情怀，美妙动听的音符，用非常凝练的文字，将我国56个民族中最后一个民族——基诺族，在新中国成立后50多年时间内，“改革开放”穿越千年的时空隧道，从贫穷落后进入小康时代。

基诺人在美酒中欢快地醉了。是的，这样翻天覆地的巨大变化，即使不饮酒，基诺人的心亦在沉醉，情亦在陶醉，“基诺山与祖国同醉”。

如此美妙动人的诗句，在鄢家骏同志的诗歌里随处可见。他的诗歌达到了炉火纯青的地步。

这首诗获得了中外散文诗学会举办的“祖国杯”散文诗大赛三等奖。

鄢家骏同志以不知疲倦的精神，永无止境的进取心，在文艺的高峻奇峰上不断攀登。

他从一种文学体裁到多种文学体裁，从新闻报道到报告文学，从短篇诗歌

到长篇叙事诗，从短篇小说到中篇小说、长篇小说。他从各种不同的角度，探索各种文学体裁，写出了许多优秀的作品。

三 骨子里深深的农垦印记

鄢家骏同志1959年冬来到国营黎明农场，西双版纳农垦成了他的第二故乡。

他当过生产队工人、记工员、统计员、农场宣传队创作员、学校教师。在农场的创业初期，在屯垦戍边的火热生活中，他像一棵小榕树把根深深地扎在农垦的沃土中。

他的新闻报道和文艺创作，及时地反映农场的工作、生活，反映农垦职工战天斗地的精神风貌。短篇小说《鞭杆精神》，就是以老农垦为题材，歌颂农垦工人艰苦奋斗的创业精神。

农垦工人忘我工作，艰苦创业，舍己为人的精神，农垦工人的牺牲、悲伤与委屈，都从他的笔端深情地流露出来，化为精彩的文学作品，以激励人、鼓舞人、启迪人。

诗歌《东风如歌》，报告文学《胶林诗篇》和长篇小说《远山会动》等作品，都是反映农垦的题材。他的全部作品中，约有80%的内容都是农垦的人和事，赞扬农垦的功绩和少量反思执政者的失误。

鄢家骏同志在国营农场工作20年，调到西双版纳农垦分局工作14年，也是一个老农垦。1994年6月，他和农垦分局的一批干部提前退休。

退休后，20年的光阴没有虚度，他的身影仍然活跃在各个农场，笔耕不辍。不是帮助农场整理场志，就是深入基层采访，挖掘更新更深的文学题材，写更加精彩的文章与绚丽的诗篇。

虽然，他应西双版纳军分区首长的邀请，去过边关、哨卡采访，写过军营龙腾虎跃的军人生活。虽然，他应全国多家文艺团体的邀请，跑遍祖国的大江南北参加各种笔会，描绘过长白山的“红松”，张家界的“仙境”，三星堆的“考古”，新疆伊犁的“风光”和内蒙古的“大草原”，发表过多篇荡气回肠的文章。但是，他的文艺根在西双版纳农垦。

鲁迅文学院原副院长胡平先生这样赞扬他：“鄢家骏是一条道走到黑的人。”是的，他的心一直在关注西双版纳农垦的橡胶事业，关注创造橡胶事业奇迹的主人。

他骨子里一直在追寻“三叶文学梦”。

四 从西双版纳走向全国

可以这样说，文学创作一直伴随着鄢家骏同志30多年的工作，也伴随着他20年的退休生活。

50多年的探索与摔打，半个世纪的学习与钻研，使他在文学艺术的大熔炉里，得到淬炼，变成一块好钢，而且越来越纯。

他的作品不断走出西双版纳，发表在省内各种报刊上，成为云南省作家协会会员，完成“破茧成蝶”的美丽蜕变，由一个普通的新闻报道员，成为云南省知名作家。

他在西双版纳农垦分局宣传科担任新闻干事期间，因为业务关系，有机会接待全国各地到边疆进行采访活动的文学界名家大师，陪他们下基层，“接地气”，走访农场生产队，走访乡镇村寨，进橡胶林，钻古茶山，到葫芦岛探秘，进热带雨林猎奇。

这一期间，老鄢有幸聆听丁玲、吴伯箫、李侨等文学大师的教诲，也受到了著名诗人晓雪、翟泰丰等的创作艺术的熏陶。他如饥似渴地吸取来自各方面的营养，使自己逐渐变得成熟，变得强大。

应该说，鄢家骏同志是幸运的。他一辈子基本从事一种职业—写作，一辈子在追求“三叶梦”。

2004年，年过62岁的他加入了中国作家协会。从而他有机会参加国家作协举办的各种笔会，有机会到全国各地进行采风。从此，他大大开阔了眼界，写作艺术手法有了长足的进步。他的作品不断在全国的报纸、杂志上发表。

他是我州散文诗创作的领军人物，是中国散文诗委员，中外散文诗协会主席团委员，其散文诗作品在全国占有一定地位。

他先后出版了《诗的热土》等报告体散文诗，《胶林诗篇》等五部长篇报告文学、长卷散文《追求神奇的美丽》和长篇小说《远山会动》等500余万字。与此同时，发表过新闻报道500余万字。一个多么惊人的数字！

长卷散文《追求神奇的美丽》被中国当代文学研究会评为“中国首届长城文学”一等奖，《胶林飞歌》被评为首届中华之魂优秀文学作品征文一等奖，并受到云南省委宣传部的表彰。2006年，鄢家骏同志被中国国际文学家联合会等单位授予“中国文学家终生成就奖”称号；2013年，在首届中国散文诗歌作家采风活动中，其作品被评为特别奖；2014年被国际知名文学家联合会评为首届国际文艺金马奖。

他的创作业绩被《中国作家大辞典》等20部辞书收录。

鄢家骏同志是国营黎明农场走出来的一个农垦作家。他靠一支小小的笔，描绘西双版纳、云南和祖国山川河流的壮美，歌颂中国社会在半个世纪的振兴、改革、发展与进步涌现出来的风云人物，也书写了自己的传奇。

原载于《西双版纳》杂志2014年5期

奋进中的西双版纳州湖南商会

在地球北纬22°—24°之间，西双版纳成功大面积种植了世界一流的高产、稳定的橡胶树，建成了祖国第二个天然橡胶生产基地。以湖湘职工为主体的国营农场和边疆少数民族村寨，互相支持，团结奋斗，实现高速发展国家橡胶的预期，创造了世界天然橡胶种植史上的一个又一个奇迹。

从此，这块黄金宝地与中国人让西方橡胶专家刮目相看，也赢得国人的热烈赞誉。许多潇湘的年轻人，早已被这块美丽而神奇的热土所吸引。特别在改革开放以来，一批又一批三湘儿女前来投亲靠友或参加南疆的开发与建设，还有相当一部分人前来西双版纳寻找商机，寻宝探奇。最初，人们开小百货店、卖小吃店、搞打字复印、杀猪卖肉、养鸡养鸭。21世纪初，人们逐步将目光瞄准旅游服务行业，办旅行社、承包小宾馆。短短几年，西双版纳的各种大小招待所、宾馆、酒店约有80%以上都被湘籍小老板承包经营。有些老支边职工的后代也加入了商海寻宝创业这一行列。

很快，一些有胆识的湘籍老板，将目光投向玉石珠宝，房屋建筑和红木市场。他们在拼搏中，不断发现商机，将事业做大做强。不少人还将生意拓展到中老、中缅等东南亚国家的边境。有些老板从小本钱起家，迅速成长为千万、亿万富翁。他们在不同行业为繁荣边疆的经济做出自己的贡献。

一　商会应运而生

在西双版纳的州、市、县、镇，万头攒动的商海里，有60%以上是湘籍人士，他们带来了三湘大地的商业文化、经营理念，不断与边疆的商业文化碰撞，融合发展。此后，内地的特产源源不断地运到边疆，西双版纳的土特产也不断流入内地，促进了各种生产、生活物资的大流通。既丰富了边疆城乡的物资需求，又充实了内地市场，这正是我们国家实现发展内需，活跃市场，改善人民生活的需要，也是经济领域的深化改革在西部地区的深入发展与深刻变化。

但是，由于这些商家都是民营企业，分布在各行各业，有做养殖种植，有搞打字复印、百货，有搞餐饮住宿，有搞菜市场屠宰、果蔬供应，有搞医疗教育，有搞旅游服务，有专营珠宝、建筑、红木。行业不同，规模不一，人们的文化层次与经营理念也大相径庭。有为繁荣边疆的经济而经商的，也有想急于致富而与同行低价竞争的。

如何规范经营理念，合法经营，信息互通，优势共享，抱团竞争和化解商户之间矛盾，维护商家的权益，克服单打独斗的劣势，实行共同发展，繁荣边疆经济的良性商业模式，就应该将湘籍商户组织起来，成立个龙头似的商业引领组织——西双版纳州湖南商会。

2007年下半年，商界几个有见地的年轻人，提出要成立湖南商会。大家抱团发展，抵御各种风险。他们给州工商联、州民政局写报告。

当报告被批准，他们便立即进入了实质性的筹备工作。他们邀请州政界的湘籍干部刘云湘（州反贪局原局长），江建成（州发改委原主任）为顾问，为商会把关，作为商会联系政府的纽带与桥梁。

2008年3月16日，西双版纳州湖南商会在西双版纳州委、州政府与景洪市委、市政府和云南省湖南商会的大力支持下，在财鑫大酒店召开了首届会员大会暨选举大会，宣告正式成立西双版纳州湖南商会。参加会议的160多名会员代表，一致选举产生了以黄康雄为会长的商会第一届领导班子。会上宣读了西双版纳州湖南商会的章程，并确定了2008年的工作指导思想和商会发展宏图。同时，聘请西双版纳律师事务所高慧明主任和知名律师陈华山担任商会的法律顾问。

西双版纳州湖南商会的成立，得到云南省湖南商会的热情点赞和大力支持。云南省湖南商会费明军会长将此事向湖南省人民政府做了汇报，并请他们派人下来给西双版纳州湖南商会授牌。

湖南省人民政府高度重视异地湖南商会的发展，派副省长甘霖带领办公厅外经办等有关人员及全国70多家异地湖南商会的领导一行到西双版纳，于4月29日在景洪市锦都大酒店为西双版纳州湖南商会举行了隆重的授牌仪式。

甘霖副省长代表湖南省人民政府和潇湘8000多万父老乡亲，发表了主旨讲话。她说："西双版纳这块热土是世人瞩目的宝地，它是云南对东南亚国家发展经济、贸易、文化、旅游的桥头堡。希望各位企业家发扬湘商的优良传统，诚信为本，敢为人先。将湖湘的商业文化与边疆的商业文化相融合，利用西双版纳这个平台，充分发挥自己的创造力，以质量求生存，以信誉求发展，以管理增效益，以服务赢天下。将产业做大做强，促进内地与边疆的物质交流，促进云南西双版纳与湄公河沿岸各国的经济文化的积极交流。为滇湘的经济繁荣，为边疆人民的幸福做出更大的贡献。"

西双版纳州州长刀林荫到会向西双版纳州湖南商会表示热烈的祝贺，并参与授牌。

这次西双版纳州湖南商会成立规模大、起点高，引起社会各界广泛的关注。

二　提升正能量，为合法经营保驾护航

商会是一级法人代表组织，是企业家的港湾，是广大商户温馨的家。

西双版纳州湖南商会成立初期，几位领导者心里就明白，任何时期的经济都具有时代的鲜明烙印，建设有中国特色的社会主义，实现中华民族的伟大复兴，商品经济一定要符合社会主义的核心价值观。商会的章程就在这种思想指导下，拟定和通过的。

凡申请入会的人，一定要拥护中国共产党，具有一定的固定资产，行为上无劣迹。承认商会章程，执行商会决议，履行权利和义务，按时交纳会费，方可批准成为商会会员。

商会成立后，又聘请州药监局原局长周原林和州农垦局原纪委书记刘向东等同志为顾问。2010年，在州政府工作40年的曾孟春同志退休了，商会即聘请他和州政协第八届秘书长陈祖斌同志一起到商会做领导与协调工作。让有爱心的湘籍老同志，发挥余热，对商会的成长、发展建言献策。

商会设一处五部，即秘书处、维权部、宣传培训部、会员管理部、项目建设部与宾馆酒店部。

为了加强党的领导，2011年9月州湖南商会了成立党支部。

曾孟春同志担任商会名誉会长和秘书长，负责协调政府与商会、商会与企业的关系等日常工作。

陈祖斌同志是西双版纳州湖南商会支部的筹建人与党建指导员。负责党务

工作与商会的思想政治工作。

曾孟春和陈祖斌两位同志的到来，西双版纳州湖南商会如虎添翼，各项规章制度不断建立、完善，商会的工作蓬勃地开展起来。

商会定期召开会长、部长、理事办公会议，每年年初、年底定期召开会员大会，组织政治学习，传达上级的文件精神。年底开展评比活动，表扬好人好事，表彰先进企业与个人，树立先进典型。会员的政治学习，按照计划，系统地学习邓小平关于“改革开放”建设中国特色社会主义的重要理论，学习江泽民“三个代表”重要思想和胡锦涛的科学发展观。学习讨论中国共产党十七大、十八大会议精神，学习习近平同志在各个时段的重要讲话，提高商会会员的政治思想觉悟，鼓励他们对社会责任的担当，提升他们为国家，为人民做贡献的自觉性。

同时，请法律顾问为他们讲课，使他们学法、知法、懂法、守法。让会员明白做事，诚信做人，合法经营。“君子爱财，取之有道”，在商品经济交易中，不弄虚作假，不以次充好，不欺行霸市。坚持公平交易、诚实守信，靠质量赢得市场，靠口碑赢得财富。

在商业经营活动中，企业与企业间，商户与商户间，商户与社会团体，与当地少数民族、与政府某些部门之间发生矛盾与争执，有些是误解，有些是利益之争，有合理的、有不合理的。这时，商会的领导和商会维权部的同志就主动介入这些纠纷中，了解其中原因，化解矛盾纠纷。

如果是会员之间的纠纷，各自多作自我批评，尽可能在内部化解矛盾，理明气散。如果一方财产受到损失，需赔偿的要合理赔偿。如果会员与外界发生纠纷，曾孟春同志和商会的主要领导及时赶到事发地，详细了解情况，及时协调化解纠纷。如果是会员理屈或存在过错的，该道歉的道歉，该赔偿的赔偿。如果是商会的会员企业蒙受经济损失，商会的维权部长将会同商会的律师，及时提出诉讼，依法进行维权，保护会员的合法权益。商会自成立以来，共进行了大小上百次维权，挽回或减少各类经济损失1000余万元，其中仅在2015年为会员企业进行各类维权28起，共挽回或减少经济损失250多万元，这里，有陈年旧账，也有新近案件，有民事纠纷，刑事案件，经济诈骗，也有合同纠纷。商会维权部以事实为依据，以法律为准绳，主动与当地执法部门联系出庭诉讼，帮助会员解决了一个个棘手的问题，有效地使会员企业规避风险，为他们依法经营，健康发展保驾护航。

三　发扬优良传统商海搏击显风流

“吃得苦，霸得蛮，耐得烦”是潇湘人民不屈精神和优良传统的体现。它同样流淌在商界企业家的血管里。改革开放以来，各族人民共建繁荣、富强、民主、和谐的中国特色的社会主义。三湘大地年轻的一代，以新的精神风貌出现在人们的视野里。他们文明经商，诚实守信。同时，敢为人先，他们在政府的支持下创办了网络公司，利用高科技、互联网，去探索未知的事业领域，去践行存在种种风险的社会实践，丰富自己的阅历，锤炼精彩人生，追求美好的理想，成就宏大的业绩。

他们从大处着眼，小处着手，一步一个脚印。他们用清醒的头脑，锐利的双眼，看准商机，果敢出手，不断调整自己的战略，变换新的方位，一步步成就自己的事业。

无论是宾馆经理还是餐厅老板，不管是珠宝商还是红木大佬，都是这样走过来的。

他们最初来西双版纳时，许多人摆过地摊，开过小百货店或饰品专卖店，其资本不过几千元、几万元。几年后，却成为涉猎几个行业或做成大企业的千万、亿万富翁，成为商界传奇。

第二届商会会长谢玉平和执行会长匡娟，就是两个非常鲜活的例子。

谢玉平，1970年8月生于湖南祁东县双桥镇大云村。初中毕业时，正值中国改革开放大潮涌起，谢玉平随百万打工大军，南下广州深圳。先后在服装和电子行业打工，成为打工队伍中的佼佼者。

1994年6月，他辞去深圳某电子公司下属电子厂厂长的职务，怀揣着自学函授大学经营管理专业的文凭和经营管理经验，来到西双版纳。

开始，他从缅甸批发根雕工艺品，在景洪市农贸市场开个夫妻小店。因为诚信的口碑一传十，十传百，赢得了生意兴隆。后来，他在民族风情园开了一家珠宝玉石小店，靠诚信口碑，同样生意红火。

谢玉平1994年从一个小店起步，到2008年已发展到拥有5个相当规模的根雕门市展厅。2009年，他成立诚信根雕厂，立志大展宏图。从过去购买别人的产品到自产自销和代人加工，同时出售原材料的综合性红木厂家，根雕门市展厅发展到8个。不久，他的根雕厂成为大宗批发产品，畅销大江南北、长城内外有影响力的红木企业。

匡娟，女，1971年8月出生于湖南祁东县蒋家桥祖山湾。

二十世纪八十年末，改革开放的成果异彩纷呈，世界变得更加诱人。品学兼优的匡娟，毅然放弃了考大学的良机，奔赴海口打工。1994年，她只身一人来到云南西双版纳闯市场。最初在景洪农贸集市对门租一个小门面，开了一家“晶晶饰品店”，专营发卡、发夹一类，生意红火，成了名牌小店。后来，因政府规划用地，小店只好关张。

不久，她在景洪市中心开了“丽人饰品屋”，经营高档皮具。紧接着又开了一家“阿波罗冰雪城”“魅力前线精品店”，三店生意兴隆，名声大振。这时她加盟假日时尚宾馆。因为经营有方，成了外地游客的温馨之家。不久，她干脆把这家宾馆买下了来，自己经营。

2004年，匡娟果断地加盟了香港金利来专卖店景洪分店。

2008年，已在景洪城区拥有三家名店和一家宾馆的匡娟，又悄无声涉足建筑行业。在普洱市景谷县耸立的融中西文化的“夏城相府”大楼，让景谷人民惊叹。之后，在景洪城西拔地而起的“花伴里”二期楼群，又让人称奇。

以匡娟为总经理的至和房地产公司，以惊人的速度，不断创造奇迹。

请看，在景洪市嘎洒镇，占地2000平方米的4星级渝商嘎洒国际大酒店，鹤立鸡群。在流沙河畔，占地4万平方米的“丽景嘉苑”小区，赢得广大业主的青睐。还有正在筹备的曼弄枫旅游购物广场，以6万平方米的大面积和多种功能，将成为景洪未来又一大亮点。

匡娟从 小饰品店起步，靠家庭另一半的热情支持和大力帮助，成功地涉猎多个行业，完成一次次华丽的转身，成为亿万富姐。像谢玉平、匡娟这样的成功人士，在西双版纳州湖南商会比比皆是。只不过他们的故事各自不同罢了。

2005年景洪只有七八家红木厂，还未完全成规模。2015年，已有上百家成规模的集加工销售为一体的大型红木厂，其中六成是湘企，每个厂家背后都有一个动人的故事。

财富往往藏在机遇的身后，发现和抓住机遇就是等于抓住了财富。在其他行业，慧眼识珠的故事，也俯拾皆是。

无数的精彩汇聚在一起，就是商海翻腾的串串浪花。

商海风云激荡，弄潮儿凭借勇敢、毅力、顽强、包容、合作与智慧，方能超乎常人，尽显时代风流。

四　富裕不忘人民积极回报社会

中国五千年的灿烂悠久的历史，蕴含着悠悠绵长的孝道文化。

“羊羔跪乳”，“乌鸦反哺”是中华民族民间相传，规劝人们效仿动物行“孝”的感人故事。

“忠、孝、仁、义”中的孝道，被赋予极为重要政治思想文化内涵。

“孝”包含对祖国、对人民、对长辈的挚爱与真情回报。“孝”是“忠”与“仁义”的基石，没有爱与回报，便谈不上“忠”与“仁义”。

在“商人”这个字眼里，人们给它蒙上一层灰色的面纱。“商人重利”，“人为财死”，这是人们千百年以来对商人的看法。但历朝历代，舍财救国，回报民族者却大有人在。

单说近代，当国家处于生死存亡关头，南洋工商界，积极捐款出资，支撑中华民族坚决抗击日本侵略者。当新中国在异常困难的情况下，抗美援朝，中国工商界人士出钱买飞机、买大炮，支持打赢这场正义的战争。

“富而思源，回报社会”，是中华民族的美德，也是“改革开放”后，成功的企业家所展示的崇高精神境界。

西双版纳州湖南商会成立以来，正能量不断聚集，爱心一片，赞誉声不断。

捐款赈灾：2008年州湖南商会刚成立，恰碰上四川汶川发生特大地震，商会立即捐上爱心款50万元，其中黄康雄会长一人捐了20万；之后，湖南出现特大雪灾，商会捐款10万元；云南出现特大旱灾，捐款10万元；德宏水灾捐10万元；勐腊关累出现滑坡泥石流，又捐款10万元。

对社会正义点赞：公安缉毒英雄柯占军牺牲后，商会拿出10万元，对其家属进行慰问。

捐资助学：资助贫困学生，帮助他们完成学业，是商会企业家的共识。为了让西双版纳部分少数民族的孩子，不因家庭贫困而辍学，商会决定出资直接帮助这些孩子，并形成制度，持续做下去。由学校或妇联提供名单，大学生每人每年5000元，中学生每人每年1000元，小学生每人每年500元。大学生的助学金到人，中、小学的助学金到校。每年资助大学生20名，中学生30人，小学生100人，勐海民中一个班学生（30名），景洪市第三小学春蕾班和勐海西定小学学生（共计100名）。黄康雄一人捐款20万元，其中，景洪市三小和西定小学每校10万元，直接到校，由学校自行掌握使用。第二届商会执行会长匡捐，对光彩事业和捐资助学，累计近100万元。去年，商会给勐腊勐伴镇教育事业捐款5万元。

帮扶贫困乡村发展老年人体育事业：为了让贫困乡村的老年人也能开展文体活动，健康过好晚年。商会对勐腊关累、勐棒镇、勐海的西定，捐资12万元，帮助修建体育活动场地。为景洪孔雀湖老年人活动场地进行修补与孔雀湖护栏的修补，添置音响设备，捐资7000元。捐款5万元资助国营黎明农场门球队到上海参加全国性门球大赛（该队在全国门球赛夺冠）。

关爱老年人：商会每年节庆期间，挨家挨户，看望慰问州直机关离休老干部，看望百岁老人与孤寡老人，受到社会好评。2012年，商会领导在会所附近看望一位普通的湘籍百岁老人，她的女儿接过礼金，感激涕零。2012年的国庆节，商会领导曾孟春、陈祖斌、谢玉平在孔雀湖社区年看望退休老年人、下岗工人，召开座谈会，组织他们到花卉园参观，中午还请他们就餐，让他们非常感动。2013年，商会迁到曼厅社区。当年端午节，商会领导看望社区13名老人，每人500元，一桶油、一袋粽子。他们感动不已。

回报家乡父老：每个成功的企业家，都有一份浓厚的乡音乡情与乡愁。无论自己怎么发达，都无法割断对家乡千丝万缕的情缘。家乡的乡村建设，一段沟渠、一座桥梁、一条公路，无时无事不在牵挂他们的一颗爱心，尤其是比较贫困的村子。好些湘企老板都对家乡的建设，捐了钱。但他们不愿透露实情。

我们粗略地了解几个老板，他们对家乡的捐款影响比较大。其中黄康雄为家乡建设捐款20万元，谭备战为村里修路，以连接大公路，捐款30万元，在当地引起很大的反响。

最值得一书的是，第一届执行会长严太平向家乡捐款一事，谱写了一曲穿越时空的乡音乡情乡愁的浩然正气之歌。2012年，一直关心家乡建设的企业家严太平，听到乡亲盼望的大公路修到村旁时，内心无比激动。当他得知村子离大公路还有几千米，乡亲出行仍不方便的情况后，心里十分焦虑，为了回报家乡父老，他主动承担修通这段公路的责任，前期出资32万元。路要通过一段水田，需要征地赔款，他又投资28万元，终于把这段公路修通了。乡亲们出行方便了，万分感激，将这段路叫“太平路”。祁东县委、县政府，将这个典型事例大力宣传。祁东县委宣传部还让祁东剧团，将这个事例编成节目，通过打渔鼓的形式进行传唱。

2014年，为了庆祝湖南省青壮年响应党中央、毛主席的号召，踊跃支边五十周年，祁东县党政领导带领祁东渔鼓剧团，前来西双版纳州慰问祁东支边老同志。祁东渔鼓话剧团在景洪新剧院进行慰问演出，其中就有严太平资助家乡“修路”的节目。节目声情并茂，让台下观众一片感动，无不笑脸上挂着泪珠。

2016年4月马路桥乡的乡亲们听到年仅62岁的严太平，因病医治无效去世的噩耗时，万分悲痛。村里的乡亲们为了感恩，在乡党委书记和乡长的带领下，50名村民自费千里迢迢赶到云南景洪吊唁。严太平遗体火化那天，60多辆车子在公路上连接不断，缓缓送行。吊唁厅里，几十名村民跪倒在地，大放悲声。哭声震梁，厅内厅外参加吊唁的人无不动情落泪。

这种亲情加悲情所形成的正能量，随着时间的推移，还在不断凸显、延伸。

五　骄人的业绩，不凡的新起点

西双版纳州湖南商会自成立的第一天起，就受到西双版纳州与景洪市党政领导的重视，受到湖南省人民政府的关注和云南省湖南商会的大力支持与帮助，使州湖南商会明确思路、少走弯路，卓有成效地开展工作。

自2009年至2015年，西双版纳州湖南商会领导连续4年参加湖南省政府召开的第三、四、五、六届的湘商大会，省人民政府对外设窗口，架桥梁，为湖商创业提供条件与机遇。

云南省湖南商会是西双版纳州湖南商会的业务领导，积极帮助沟通与湖南省人民政府的联系渠道，又多次下到景洪，对州湖南商会的工作进行直接指导，促使他们熟悉业务，早日进入行业的角色。

西双版纳州人民政府，像关心州内的机关、企业一样，经常过问商会的工作，使之健康地运行、发展。州工商联、州招商局直接深入州湖南商会检查、指导工作。

西双版纳州湖南商会现有会员216人，挂钩或联络的会员企业239个，据初步估算，总资产达到50亿。各企业就地招工，每年约为6000余人解决社会就业问题。

州湖南商会的名誉会长兼秘书长曾孟春和中共党建指导员陈祖斌同志，曾长期在州政府工作，是德才兼备的退休干部，他们被聘到商会工作后，除节假日外，每天坚持到商会上班，及时处理各种事物。为西双版纳州湖南商会做了大量的工作，使商会能够正常地运行和健康发展。

州湖南商会不仅是湘商会员之家，也是长住或路过的三湘儿女温暖的港湾。

湖南青壮年支边五十周年与五十五周年的庆祝会、茶话会，虽然是州委、州政府同意举办的，但具体操办和出资的是州湖南商会，来自州农垦局与各农场的支边老同志，来自州、市各部委办局的退休与在位的代表，欢聚一堂。他们感受的是党的温暖，体察到的是商会浓浓的湖南乡情。

商会把家乡的人与事，都纳入自己的关爱之中。商会曾为湘籍作者出版的《溪水弯弯》举行首发仪式。商会多次热情接待祁东县党政领导与慰问团。同时，也热情地接待了湖南其他县市的领导人。

对确有困难找上门来的湖南老乡，商会都给予安抚与帮助，从没有将他们拒之门外。

近5年来，据不完全统计，商会共向社会捐资380多万元（部分企业家个人向社会捐款在外），受惠群众达到1500多人。

州湖南商会成立8年来，好评如潮，锦旗、奖状挂满墙，收到感谢信30多封。

2009—2012年，商会被景洪市授予捐资助学先进单位。2009年、2012年、2014年被州工商联评为“先进单位”。2013年、2014被州人民政府两次评为“诚实守信、文明经营”的先进单位。

西双版纳州湖南商会党支部，建会初期成立，当时只有5名党员。通过《中国共产党章》的学习和共产主义理想的教育，不少青年企业家要求上进，凡写过入党申请书的会员，经过个别谈心，审查合格的非党积极分子送到州党校培训班学习。之后在工作中考察，成熟一个发展一个。至2016年7月，共发展14名新党员，其中13人是民营企业家。

2016年7月1日，西双版纳州湖南商会党支部，被西双版纳州委员会授予“先进基层党组织”的光荣称号。这是全州300多家民营企业中唯一被州委授予这一殊荣的支部。

州湖南商会中有9人分别被推荐为州政协委员、景洪市政协常委和委员、州工商联（总商会）副会长、州工商联常委职务；1人被选为勐腊县人大代表。2016年“七一”建党节，3名优秀党员、1名优秀党务工作者，被上级党组织表彰。

现任会长谢玉平，执行会长匡娟的先进事迹在《神州大地祁东人》《当代湖南人》《共和国骄子》三部著作中展现风采。

州湖南商会已取得骄人成绩。在他们看来，这是前行的新起点。

2016年底，第二届商会领导的任期满了。商会的同志正在积极筹备西双版纳州湖南商会第三届领导班子的换届选举。

商会正常的换届，犹如补充新鲜血液，是继续前进的原动力。

认真总结经验，找出差距，为下一届领导班子铺平前进的道路。

他们认为，要继续加强党支部、工会和妇工委建设，加强思想政治工作，促进会员健康成长，促进企业稳定发展。要进一步落实滇、湘两省省委、省政府的号召，凝聚广大会员合力，稳步推进银企合作，规避风险。抓住云南省的桥头堡建设前沿阵地的契机，开拓思想，寻找新资源，做大做强一批企业项目。要认真贯彻西双版纳州七届八次全会精神，积极引领新常态、培育新动力。发扬精诚团结，昂扬向上，艰苦创业的湖湘精神，传承湖湘文化，展示湘商风采。

西双版纳州湖南商会成立以来，做了大量卓有成效的工作，为西双版纳州经济的发展繁荣，为促进滇湘经济文化的交流，为边疆人民的幸福生活做出了自己应有的贡献。

纵情放歌（散文诗）

为群众谋幸福一辈子不变的情怀
——学习《全国优秀共产党员杨善洲》的感悟

“捧着一颗心来，不带半根草去。”
这是天高地阔的情怀！

——题记

忆悠悠数千年历史，
各朝各代都有为民执政的清官。
西门豹、赵广汉、狄仁杰、包拯、张伯行……
他们两袖清风而来，
不带一点贿赂而归。
晚年安享朝廷俸禄，
威德四方，
百姓视为“青天”。

历史不断演绎中华文明，
可谁能与共产党的清官比肩？
甘祖昌将军解甲归田，
为改变家乡面貌辛勤奋战在田园；
焦裕禄为人民鞠躬尽瘁，
辞世在兰考履职期间。
他们为了百姓的幸福，

一辈子艰苦奋斗，
活在自己崇高的精神家园。
杨善洲，又一个时代的楷模，
他让亿万人民的心灵震撼！

他，云南施甸县一个普通贫农家庭的儿子。
1951年5月揣着一腔热血参加工作，
1952年11月在艰苦的斗争中入党。
“干革命干到脚直眼闭”，
成了他一生不变的誓言。
他二十多岁担任施甸县委书记，
一直牢记为人民服务的宗旨，
勤勤恳恳工作，
踏踏实实做人，
永远心里敞亮。

他头戴草帽，手提旱烟袋，
春季肩扛锄头，
秋天身带镰刀，
和普通农民没有两样。
他经常一人深入基层，
如同古代官员“微服私访”。
谁见过——
县委书记在集市帮助赶马车的大哥，
端马脚钉马掌？
谁见过——
地委书记在石场，
亲手打出芝麻形花纹石，
给青年石工做示范？
为了稻田多打粮，
他亲自下田为农民兄弟

演示“三岔九垄法”插秧。
“俯首甘为孺子牛”，
原来他有如此感人的注脚
和深刻朴实的涵养！

历朝历代的太守出巡，
不是坐轿就是骑马，
前有衙役吆喝开道，
后有多人簇拥跟班，
今日专署领导下乡，
虽然轻车简从，
却也衣冠整齐，大腹便便。
杨善洲衣着朴素徒步外出，
哪里碰上农民，
裤脚一卷就下田。
分明是干活的行家里手，
分明是群众中的劳动模范！
谁想保山地委书记竟是一个身体瘦弱
穿着褪了色的中山服
面色黝黑的老汉。

也难怪一个乡秘书，
也难怪几个宾馆的服务员，
他们“慧眼”不识“真佛”，
接待地区工作组，
竟然将地委杨书记挡在门外！

保山地区五个县九十九个乡，
村村寨寨都被杨善洲的两脚踏遍。
地处中缅边境的
龙陵县木城乡不通公路，

他徒步四天，走进了木城乡地界。
他一头钻进了一间破旧茅舍，
一手伸进火塘旁一个破罐，
一把抓出一些干瘪的苞谷。
发现农民竟如此贫穷困苦。
杨善洲的手在打抖心在发颤。

当夜，他召开了乡干部会议，
第二天，又徒步走访其他乡。
十几天后，保山地委做出了：
改变贫困山区面貌的实施方案。
这样的及时，这样的效率，
这样的用心，这样的勤政。
没有停歇，只有向前，
他在和时间赛跑，
他是在与贫困较劲！

杨善洲对地委一班人说：
“我们干工作，是为了人民群众的幸福，
只要还有贫困和落后，
我们就应该一天也不安宁。”
不安宁，成为他心头一把火，
不安宁，成为他强大的工作动力。

不安宁，
成为他马力十足的助推点！
保山地处丘陵地带，
山地面积占91.7%，
“一人种三亩，三亩不够吃。”
历年来，这里的粮食产量都很低。
为了让百姓早日脱离贫困，

杨善洲积极倡导：
“坡地改梯田”，
“坡地改条田”，
“籼稻改粳稻”。
条条倡导顺应民心。
在保场乡，
杨善洲亲身种了半亩粳稻试验田，
改用“三岔九垄”插秧法，
每亩提高产量三四百斤。
他常年出现在百姓田头，
亲自推广，插秧示范，
感动了当地的干部与农民。

果然，天道酬勤，
果然，在杨善洲和地委班子的倡导和推动下，
保山地区的粮食产量翻了一番。
水稻单产（1978—1981年）
位居云南省第一位。
1980年全国农业会议在保山地区召开，
人们称赞“滇西粮仓”的美誉，
杨善洲“粮书记”的美名，
从此在中华大地传开。

杨善洲的心里
对人民群众永远怀着
一种尊重与谦卑。
每次下乡，
总像一个三人战斗小组
他、秘书、司机，
从不要机关其他随员和下级领导陪同。
他不去下级机关听汇报，

吉普车总是直奔田边地头。
谁也不要想对他们进行接待，
在哪里赶上吃饭的钟点，
就在哪里用餐。
每餐花费多少，
都得自己开钱。
杨善洲经常对秘书说：
“我们不能沾基层的光。”
哪怕错过了结账的机会，
车行到中途，
他也让秘书搭车返回
把钱补上决不拖欠。
杨善洲在县、地两级领导机关工作，
大部分时间都在基层调研。
可他从来没有领过一次出差补助，
没有开过发票报过一次账单。
一个跟他两年半的秘书，
有心将他的出差费放在一个存折里。
一次到大官林场调研，
群众反映要搞多种经营，
杨善洲听了满心喜欢。
当地群众正为买蜂蛹蜂种
缺资金犯愁。
他却想起了存折，
毫不犹豫将其中四百元全部捐完。

中国封建王朝，
世间流传一句民谣：
“三年清知府，十万雪花银。”
知府一级的清官，任上干三年，
就会收获十万两白银，

更不要说那些贪官污吏，
他们搜刮民脂民膏
购买良田，建造美宅、封妻荫子，
天知道会有多少金钱。

今天共产党的“知府”，
却“俯首甘为孺子牛”，
而“人不为己，天诛地灭”的铁定律，
在这里被击得粉碎！
“一人得道，仙及鸡犬”的潜规则，
杨善洲用自己的行动，
将它彻底否定！

杨善洲身为地市级干部，
根据国家干部政策，
家属完全可以通过“农转非”，
搬进城市去工作与生活。
杨善洲却让自己的家人同群众一起
承担通往幸福道路上
最后的艰难。
老母、妻子、孩子“农转非”的表格，
在他抽屉里搁了一年又一年，
直到退休还没有填。

妻子张玉珍柔弱的双肩，
挑起了全家的生活重担。
尽管每天起早贪黑苦挣苦扒
一家的贫困生活仍没多大改变。
1969年，家中的老房子破烂不堪。
大雨大漏，小雨小漏，
房顶漏水，地下淌水。

妻子带着老母和孩子，
祖孙三代人在雨中躲来避去，
已无安生的停歇点。
妻子上保山找当家的
要点钱回去修房。
杨善洲摸遍全身只找出30元，
这咋够买材料、请工修房呢？
只能回家买接雨水的瓦罐。
直到1986年，
老母亲、妻子和孩子们
一家还在吃苞谷饭。
直到杨母89岁病重辞世，
他的家还在施甸大柳水村从未动迁。
杨善洲将母亲抱在怀中，
失声痛哭：
“娘，不是儿子心肠硬，
只因为您儿子是人民的干部。”
母子二人泪流满面。

“人民的干部”，
这是一种荣誉，
更是一种责任担当。
杨善洲将自己永远定格在对祖国、
对人民、对党的一个“忠”字上。

因为忠于人民，
他生活极其节俭，
一间十多平方米的小屋里，
放着一张木桌、一张木床，
床上铺着草垫子和一条草席，
连棉絮都没垫上。

他没有更多的换洗衣服，
长年穿一件发白的灰色中山装。
他夏天穿草鞋，冬天穿胶鞋，
皮鞋是奢侈品，布鞋也少见穿脚上。
他喜欢抽烟，
每天一包烟叶子，
一根烟斗带身旁。

因为忠于人民，
杨善洲把人民的利益，
看得高于一切之上。
1985年，保山地委修建办公楼，
得知昌宁县金华乡发生水灾，
他当即命令二楼以上立即停建，
人员、资金全力以赴救灾。
人民即父母，
为官一任，造福一方。

因为忠于人民，杨善洲把普通百姓当亲人，
看到缺衣缺被的群众，
常生怜悯之心，
情不自禁往外掏刚领到的工资，
自己身上的口袋常年空荡。

因为忠于人民，
杨善洲从不给家人、亲戚、老朋友
批一张条子，发一纸调令，
谁也别想从他这里得到一点私利。
群众说：
老书记的“后门”上了把
没有钥匙的锁，

前门却开得大大的。

因为忠于人民，
母亲体谅儿子，
没有好房住，
吃野菜、啃苞米，
从不埋怨儿子半句。

因为忠于人民，
妻子支持丈夫，
她每天在田头苦挣苦抓，
为了一家老少的温饱历尽艰难。
为了女儿的学费，
秋天上山采野果，
十几里山路背回来，

因为一篓能卖两元钱。
一个外表柔弱的女人，
内心却比山石还坚。

因为忠于人民，
女儿理解父亲，
跟着母亲艰难度日，
吃的用的不如普通家庭。
长大后工作谋职，
全靠自己
苦打苦拼苦钻研。
因为忠于人民，
杨善洲“先天下之忧而忧，后天下之乐而乐”。
几十年的工资，
都用来济困济贫。

自己工作了一辈子，
身边却没有积攒。
1988年，为着他下山进城方便，
女儿借下五万元，
在施甸县城附近
买了地，建了房。
杨善洲东拼西凑只有9600元。
如何还得了这五万元，
他心里犯了难。
最后把房卖了还账。
他的根
永远扎在大柳水村，
这块贫瘠的土地上。

天底下谁见过?
当了几十年的领导，
当了几十年的清官。
一辈子的工资收入
买不了一套房。
——全心全意为人民服务，
才是最真实的注解。
天底下谁见过
一个拼尽全力
让保山地区百姓脱离贫困，
由温饱型迈向小康的
地委好领导。
自己的家却因为
缺少精壮劳动力，
没有任何外来经济支持，
仍然挣扎在贫困线上。
而今家中的房子依然是

全村最差的那一挡。

1988年3月，杨善洲退休了。
他放弃了上省城
安享晚年的待遇。
他本该回到施甸大柳水村，
同自己一家人团团圆圆。
效仿古代先贤：
“采菊东篱下，悠然见南山。”

不！
“我要回大亮山种树去！”
“我们要还债”
杨善洲斩钉截铁。
谁也劝不了这个“倔”老汉，
亲情也无法让他迟疑半点。

3月8日，
杨善洲退休后第三天，
卷起铺盖，向大亮山出发。
三天后
他带领从各方调集的15人，
雇上18匹马，
驮着被褥、锅碗瓢盆、砍刀锄头，
从黄泥沟一口气跑到大亮山。

原来，
二十世纪六七十年代，
中国的“左倾”路线
一度在城乡上演。
人人向山林要“宝”，

取之过度，
大亮山的树木被全部砍光，
水土流失了。
大自然开始向人们报复，
旱魔施虐
风霜两季变得“喜怒无常”.

当晚
杨善洲他们在草棚外
召开了第一个火塘会议。
“第一年要种上一万棵树。”
雄心勃勃，豪情万丈。
当晚
狂风四起，大雨瓢泼，
窝棚被掀翻，炉灶泡了汤。
大家都躲到马鞍子底下，
才熬过一个风雨交加的夜晚。

恶劣的气候环境考验拓荒者，
千难万险吓不倒英雄汉。
一排排窝棚被大风吹倒了，
又搭起油毛毡棚40间，
冬天冷，夏天热，
雨天房漏很普遍。

杨善洲年纪最大体质弱，
腿脚患了严重关节炎，
身上得了顽固支气管炎。
夜深人静时，
咳嗽声一阵阵往外传。
林场建了砖瓦房，

杨善洲安排别人先入住，
群众的利益放在前。
他在油毛毡房一住九年，
最后一个往砖瓦房搬。
林场创办初期
千头万绪
举步维艰。
植树需要大量的种苗，
没有资金购买怎么办？
去把别人吃果后扔掉的
桃、梨、芒果、龙眼果核捡回去做种，
杨善洲经常提个口袋下山，
到镇上、到县城的小巷大街。

每年的端阳花节
保山地区传统节日，
街上人海人山。
杨善洲发动全体林场职工
下山捡果核。
成为欢乐节日
人群中的“另类”风景线。
有人说：
“你一个地委书记，
在大街上捡果核，
多不光彩。”
他坦然回答：
“果子成熟了，
我就光彩了。”
一个被他不小心碰着自行车
正盛怒的小伙子
知道他是杨善洲时，

竟然感慨地说：
“这样的官，我服了。”
他的满腔怒火瞬间变为由衷赞叹！

要让果树苗长好，
育苗养苗最重要。
杨善洲清晨背着粪筐，
捡骡、猪、牛粪用来做底肥，
经常来到村寨路边。
同时到垃圾堆捡纸杯纸碗和方便面盒，
用来作树苗的营养袋。

我一个七十岁老汉
灵魂震撼了！
看似卑贱的行动，
其精神却像雪山
一样纯洁高远！
看似瘦小的身影，
其形象却似巍峨的高黎贡山！

那些前呼后拥、威风八面的高官，
难道在杨善洲面前
不是显得多么渺小吗？
那些“得陇望蜀”侵吞人民
千万巨形资产的贪官，
难道在杨善洲面前
不是显得“自惭形秽”
无地自容吗？

我的思绪在狂奔，
假如，假如……

假如我们的党员学习
杨善洲十分之一的精神，
我们的党风就会为之一振。
哪里还有贪污受贿？
哪里还有“后门”“旁门”？
哪里还有官僚主义？
哪里还有买官卖官，
革命者将永葆青春，
共产主义的精神世代相传。

假如我们的干部学习了
杨善洲十分之一的精神，
就会处处为民造福。
哪里还有渎职、怠工？
哪里还有铺张浪费？
哪里还有腐化堕落？
哪里还有贫穷山窝？
我们的社会更加和谐，
我们的国家更加富强！

假如我们的公务员学习了
杨善洲十分之一的精神，
就会具有强烈的使命感，
实实在在做人民的公仆。
哪里还有安全责任事故频繁发生？
哪里还有人悲愤奔走在讨薪之路？
哪里还有污水不能治理？
哪里还有荒山不绿？
文明之花将会在
九百六十万平方公里的
华夏大地盛开。

中华民族一定会
早日实现复兴之梦。

杨善洲身为林场指挥长，
为了林场的发展，
他亲自赶马挑苗，
不畏艰苦；
为了林场的发展，
他翻山踏箐，
勘探修路地段；
为了林场的发展，
他挥刀修树杈，
左腿骨不慎摔断。
半年后，
他拄拐棍忍痛进山。
为了林场的发展，
他从来不领林场的工资，
每月只领生活补助费几十元。
因为
——我有退休工资。

杨善洲曾为保山地区引资。
却拒绝按政策提成的40万元巨款。
他为国家植树造林做出了巨大贡献，
却拒领施甸县政府颁发的奖金10万元，
面对保山地区20万元奖金，
他立马捐献16万，
仅留4万元。
因为他终于想起了
一辈子艰难撑持一个家的老伴。

他爱雪松，
在群众心中，
他像雪松一样高大挺拔!
他喜欢玉兰花，
把它叫作报恩花。
在群众心中，
他就是雪白无瑕
“一尘不染香到骨”的玉兰花!

这22年，
是极不平凡的22年，
极其艰苦的22年，
是杨善洲拼了命的22年，
是林场职工辛勤耕耘，
团结拼搏的22年，
这22年，感动了地，感动了天。
大亮山变了，彻底变了模样：
昔日光秃秃的山岭，
如今重新披上了绿装。
五六万亩人工造林，
还有700多亩茶叶，
50亩坚果、100亩山核桃。
这片人工森林，
她牵住了云，
留住了雨，
保持了水土。
人间福地搬上了大亮山。
昔日山村“生丧嫁娶”
人们以送水为礼
的习俗消失了。
老百姓在自己家门安装了自来水管，

终于能品尝大自然之水的甘甜。
昔日大山与外界阻碍千年未通公路，
如今一条蜿蜒曲折的大路通向保山。
祖祖辈辈点油灯的穷山村，
如今的电灯进了山前山后的农家院，
多少浪迹荒野的“鸟”与“兽”，
如今回到了阔别的家园。
杨善洲把生命最后的霞光，
化为大亮山永恒的春天！

这个“老愚公”究竟倾注了
多少汗水、心血与艰辛？
每一片绿荫清楚；
每只飞鸟明了，
每头野猪、狗熊、灰叶猴知情；
大亮山八十老翁知晓，
三岁小孩知道。

2009年4月，
杨善洲决定将价值3亿多元
大亮山林场的经营管理权
无偿移交给国家。
捧着一颗心来，
不带半根草去！
这惊人的壮举，
感天动地，
令神人敬畏！

杨善洲用毕生的忠诚和执着，
60年坚守共产党人的精神家园，
60年用生命和全部心血兑现入党誓言。

一辈子以赤子之心
报效人民；
一辈子用革命豪情
为祖国和人民
做出了巨大贡献！

杨善洲病重的日子里
老伴张玉珍来看他。
她懂他，
他懂她。
两人双眼都在不停流泪，
你望着我，我望着你，
却没有说出一句话。
这是真情在交融，
这是心灵在碰撞。
在这生离死别的时刻，
“相顾无言，惟有泪千行。”

2010年10月10日，
杨善洲离开了奋斗一生的山山水水，
告别了鱼水相依的当地群众。
临终，他留下一句话：
“火化，不开追悼会，不办丧事。”
他的遗言出乎所有人的预料。
这是多么彻底的革命，
这是多么博大的胸怀！

长风当泣，层林如挽。
这是大亮山最悲哀的秋天。
成千上万的百姓扶老携幼
涌出家门，万人空巷。

他们的心在滴血，
珠泪在喷涌，
灵魂在震颤。
他们来送别百姓心中的好书记。
送别爱民如父的好官，
“杨书记，您慢走。”
“杨书记，您走好！”
……
挽联如织，哀思如潮。

杨善洲
从政为官者一辈子的榜样，
亿万百姓一辈子称颂的楷模！

原载于《西双版纳报》2014年6月7日绿宝石专栏

独龙江畔擎旗人
——学习“模范践行群众路线‘老县长’高德荣”体会

不知您听说了没有？
也许我孤陋寡闻。
一个领导干部下乡，
小车上带着两个驾驶员、两三个备胎。
谁信这其中的真实？
疑是茶余饭后的奇谈！

2006年，
贡山县县长高德荣当选为
怒江州人大常委会副主任，
办公室刚从县里搬进州政府。
年过半百的他，
本该在城市里过着慢节奏的轻松日子，
可他却老骥伏枥日夜思鞍。
一心一意想为独龙族同胞
脱贫致富、求进步、谋发展。
他郑重向党组织提出：
“让我把办公室搬到独龙江吧！”
让独龙江跟随时代的潮流不断变迁。

雄伟的高黎贡山山麓，
美丽的独龙江畔，
居住着一群勤劳勇敢的人们，
祖祖辈辈繁衍生息不断。
历史的老人
犯了一个难以弥补的错误。
他带领华夏子孙数千年不停演绎进步，
却把这里美丽的山水和勤劳的人民
遗忘在高山峡谷之间。
这里人们的生产生活方式与婚俗，
永远停留在原始社会时代。

是的！
这里山高水深，沟壑纵横，
一年有漫长的雨季，
风雪大半年封山。
境外的人一年四季进不了这个“仙境”，
这里的人终身走不出独龙江畔。
人们依靠渔、猎方式，
依赖粮食的自给自足，
在这与世隔绝的天地间，
生活了一辈又一辈，
平静地过了数千年。
1952年，
在敬爱的周总理亲切关怀下，
这个4000多人的部落
正式命名为“独龙族”。
进入了56个兄弟民族大家庭。
从原始社会直接向社会主义社会过渡，
此时，他们才知道外面有个精彩的世界。

为了让这个落伍千年的民族，
追赶上飞速发展的社会主义新时代。
出身于独龙族的青年高德荣，
想用知识将这里的一切改变。
怒江州师范毕业并留校的他，
却主动要求回到独龙江畔。
他从教师到乡长、县长，
时时扎根在群众中间。
教育启迪人民，
让他们起来改地换天。

传奇般的人生，
令人肃然起敬！
高德荣第二次回到独龙江畔。
他带着妻子回归到出发时的起点，
却以博大的胸怀找到更高远的支点。
他一脚一步走进艰难崎岖的小路，
要为家乡同胞闯出一条坦途，
直通美满幸福的明天。
他担任州委
“独龙江扶贫开发小组副组长”，
40平方米简陋家居成了他的办公地点。

2010年初，
省委省政府实施：
“独龙江整乡、整族的帮扶三年计划。”
国家投入资金10亿元，
上海市对口帮扶，
省级32个部门协作共建：
安居、产业、生态等六大工程。
高德荣无比兴奋，激动不已。

“一万年太久，只争朝夕。”
他每天高效率办事，
高频率奔波在第一线。
他像一个冲锋陷阵的勇士，
更像一个奋不顾身的旗手，
引领群众奋勇向前！
为了检查施工的工程质量，
他随时到工地巡查，
小车颠簸着奔驰在弹石路上。
——“老县长是我们的义务林管员。”
他经常走村串寨，
小车挣扎在凹凸不平的泥泞道路上。
——“老县长是我们的隔壁老阿爹。”
人民群众与他亲密无间。
他在大雪即将封山的时刻，
去接新教师和医务人员，
小车疲惫地行驶在峡谷的险道上。
高德荣长年在“轮胎上”办公，
奔走于高黎贡山凛冽的风雪间。

驾驶员太辛苦了，
再换一个驾驶员上路。
小车轮胎磨损太大了，
破了一个再换一个。
新换的轮胎又破了，
再换上一个继续赶路向前。
可坐车的领导干部呢？
铁打的身躯，钢铸的灵魂。
一个快六十岁的人了，
还是那样沉稳、坚定、执着
不断向前！

为了整个民族的崛起，
他敢上刀山下火海，
甘愿将自己的一切全部奉献!

您见过世上这样的领导干部?
我可是孤陋寡闻。
谁人不是肉体凡胎，
凭的不就是强烈的事业心
和矢志不移的爱民情怀？！

高德荣下乡时，
总忘不了周围的群众。
他用自己的工资买些米、油、衣服、棉被
或锅、碗、瓢、盆，
将车子后备厢装满。
见到困难的群众，
缺什么就送什么。
他对自己的子女、亲戚却非常的严，
他克己为民，
两袖清风，一身正气，
毫无亲情后门可言。

高德荣38年的努力，
全身心的投入，
专心做一件天大的事，
就是让一个民族彻底脱贫奔跑致富。
独龙族这艘在大洋中漂泊了数千年的大船，
终于逐渐靠近幸福的海岸。
他们种的草果丰收了，
重楼的种植又带来了新的希望。
老百姓的生活一天一个样。

1999年9月，
结束了中国最后一个民族
不通公路的历史，
独龙江与北京并不遥远。
2004年10月，
结束了中国最后一个民族
不通电话的历史，
百姓感觉外面的世界更精彩。
2006年10月，
中国最后一个民族通上了电，
中华大地结束了点煤油灯的时代。
2012年9月，
中国最后一个不通互联网的民族
实现了现代化通讯。
从此，独龙江人民的生活变得多姿多彩。

这些年来，
高德荣的头发变稀疏了，
脸上添了不少皱纹，
然而，他务实求真的作风依然。
他让我们走进了独龙江的历史。
让我们目睹了在中国共产党的英明领导下，
独龙江畔展现神奇的沧桑巨变！

一个领导干部下乡的小车上，
“带上两个驾驶员，两三个备胎。”
古今中外闻所未闻。
如果是战争年代，
当然是“敢死队”的拼命精神！
而今在和平建设时代，
同样是“争分夺秒”的拼命精神！

这是独龙江精神，
这是高黎贡山精神，
这是云南精神的展现!

这是大山铸就的品质，
高原蕴藏的情愫，
信念催生的力量，
理想闪耀的光芒！
一个少数民族干部在兢兢业业
的为民服务事业中，
实现了共产党人崇高的精神价值。
他情如贡山月，洁如怒江云。
一颗爱党爱民的赤子之心，
在高德荣身上完美结合，
升华为一种无私大爱的公仆情怀！

原载于《西双版纳报》2014年8月2日绿宝石专栏

新时期共产党人的楷模

——学习岩嫩先进事迹有感

如宝石的绿晕闪烁，
似流沙河的金子发光。

傣族干部岩嫩
为民服务、竭诚奉献的事迹，
如一夜东风，
从勐混曼列村民小组，
迅速传遍西双版纳的
块块平坝、座座山冈。

23岁的岩嫩刚当上村民小组的会计，
就以勤勉的心态为村民服务。
各种救灾救济的惠农资金，
他笔笔清楚，项目明晰，
见得了阳光，经得起考量。

十年的村民小组党支部书记，
六年的村民小组长，
他全身心投入，克己奉公，不忘使命，

努力去实现村民脱贫致富的理想。
为了解决群众的饮水问题，
他钻刺蓬、爬陡坡，跋涉在山冈。
为了解决村里交通不便，
他带领群众投工投劳，
在政府资金的扶持下，
以最低的成本，将四米宽的道路
修了五公里多长。
为了老年人晚年的健康与幸福，
他操心劳神常领村民备沙石，
只用少量资金兴建了乡村舞台、
篮球、地掷球与气排球场。
为了让村民早日脱贫致富，
他带领群众种水果、种茶叶、种甘蔗，
甘蔗地里套种玉米，
积极开展多种经营，
让每户村民的腰包都开始鼓胀。
3600个日日夜夜，
岩嫩用辛勤与心血，
将一个贫困的山村，
变成了一个富裕之乡。
曼列村民小组变了，彻底变了样。
从2007年到2012年，
五年内村民的收入翻了一番。
家家添置了高档家电，
户户盖起了新房，
年轻人用上了电脑，
小汽车的喇叭声在村内鸣响。
脏、乱、差的现象扔进了历史，
文明的风尚在曼列村民小组徜徉。
2007年、2011年两次被评为州级文明村；

2008年被评为州级新农村建设文明村；
2009年被评为州级科技示范村。
一份份荣誉的背后，
是岩嫩呕心沥血的付出，
是他践行党的群众路线
在农村基层的张扬。

岩嫩是勤快、能干的年轻人，
他在担任主要领导之前，
是全家的顶梁柱，
盘活了十多亩农田，种了橘子，
攒下了三万多元的存款。

他上有年迈的老父和身患麻风病的继母，
下有小儿和被继母感染麻风病的小弟，
他们都需要抚养。
他当会计、出纳时，为村民当家理财，
努力管理好村民小组一笔笔经济账，
他身为人子为人父，
和妻子一起养活全家，
无论肩上的担子有多重，
他都勇于担当。

担任村民小组党支部书记、村民小组长后的他，
忠于职守，公而忘私，竭诚奉献，
他心里牵挂的是群众利益，
牵挂的是村寨的文明建设，
牵挂的是75户人家，340人致富奔小康。
群众有病痛灾难，他揪心；
村里遇到什么困难，他带头扛；
村民出现什么纠纷，他耐心劝解；

群众贷款，需要担保，他一人承担。
为了群众，他操碎了心；
为了群众，他顾不上自家的农活；
为了群众，他放弃了每月三千元的高报酬，
为了群众，他得罪了自家亲戚，
坚决把后门关上。

在当今社会潮流中，有人认为：
当官是为了发财，有了权就有了钱，
损伤群众利益，大搞权钱交易勾当。
岩嫩把群众利益放在首位，
把群众的呼声作为指导工作的第一信号，
关心和服务群众成为第一责任，
把群众的评价作为衡量工作好坏的
第一尺度天天量，
他有了权，亲人和亲属却得不到照顾，
继母和小弟符合吃低保的条件，
村民小组干部同意，他却无商量。
他把最困难的群众排在最前面；
堂妹夫要买块地做茶叶初加工场地，
他却将这块地让给老体协做篮球场。

他是村民小组党支部书记、小组长，
每月没有工资，只有几百元的误工补助也无妨。
他说：“只要村民需要，再难的事情也要办好！”
岩嫩为了曼列致富，
他跑老党员家、老干部家、贫困户家……
日夜在村中奔忙。

他太累了，没有时间打理自家的庄稼；
他太累了，没有精力顾及自家经济下降
的状况。

他太累了，没有心情理会家中人的叹息与埋怨；
他太累了，无法顾及自身的健康，
患了严重脑疾都撇在一旁。
他心里明白，自己是个共产党员，
只有前进，没有彷徨。

家中大小事，让妻子一人承担。
她太累了，十几亩庄稼地，一个人侍弄；
她太累了，三亩挂果的橘子树管不过来，
只得丢荒。
她太累了，尽管已经筋疲力尽了，
止不住家中收入一年年下滑；
她太累了，怎么也不理解当家人的思想。

本该安享晚年的八十多岁老父亲，
又拿起了篾刀砍来竹子，
每天编鸡笼上街去卖。
正在热恋中准备结婚的儿子，
辞乡外出打工挣钱。
他们想方设法为家庭经济增收，
把岩嫩肩上的千斤重担分担。

一个曾经为村寨的公益事业——
建篮球场、活动室，为拉碎石、水泥、修路
垫付近两万元的殷实家庭，
如今家境一年不如一年。
2008年岩嫩盖新房借贷三万元钱，
至2013年还有两万多元没还上。
村民小组家家富了，
党支部书记、村民小组长家却穷的没个样。

为村民日夜操劳的岩嫩，累病了，
要为群众办的事情太多了。
他顾不上自己的健康，
头痛得厉害了，就吃一包头痛粉，
放下水杯，继续为群众的事奔忙。

2013年6月，岩嫩病倒了，再也站不起来，
他被送进昆明大医院，
确诊为，脑动脉瘤破裂出血！
“好人呀，好人呀！”
他殚精竭虑为村民们办事，
误了最佳诊断治疗时间！
……

村民们心疼了，
这么好的干部，可一定要救活他呀！
乡亲们眼含热泪，为岩嫩捐款。
“50元、100元、200元……”
一颗颗爱心在传递，
一股股温情在村民心中流淌。
当妻子捧着村民们送来的
饱含深情厚谊的5600元救命钱，
她哭了……
她忽然懂了，丈夫的付出与坚持，
忽然懂了，一个傣族基层干部的情怀与理想。

岩嫩一颗心的每个角落都装满了群众的利益，
他在住院期间短暂的清醒，
仍然牵挂村里的事，
村里建设中的水渠、大垃圾池、公厕，
群众种甘蔗的还贷

……

他电话里讲的，没有一件家事
岩嫩在生命的弥留之际，
念念不忘的是为了乡亲们办的件件实事，
永远牵挂的是曼列的山山水水，
如何在村民致富中变样。

他病得太重了！
省城医院的大医生也无力回天，
三次手术，未能挽救岩嫩可贵的生命，
他带着无限的眷恋走了，
离开了生他养他的地方，
离开了割舍不下的父母与亲人，
离开了他牵挂的相邻相亲……
他是个孝子，却没有机会孝敬老父和继母；
他是个有责任的父亲，
却没能给儿子把婚事办完；
他是个好丈夫，却没有让妻子享点清福，
歇歇肩……

岩嫩走了，在群众的千思万念中走了，
他忙碌的身影仍然留在
村容整洁的曼列
和一幢幢崭新的楼房旁。
他爽朗的音容笑貌依旧出现在
老体协舞台和生龙活虎的球场上。

是的，曼列的山山水水不会忘记他，
富裕起来的村民永远把他记在心头上。
群众说："有了支部，有了岩嫩支书，我们的日子越过越好。"
"党员如果都像岩嫩这样，我也要入党。"

岩嫩英年早逝，
用他短暂而壮丽的一生，
在傣乡树起一名公而忘私的
基层好党员的光辉形象。
他用生命的光焰和一腔热血，
用求实、无私、奉献的精神，
诠释了为民奉献的真谛。
他是新时期共产党人的楷模，
他是傣乡党务工作中一座丰碑！
他是各民族干部、党员学习的好榜样！

原载于《西双版纳报》2014年5月17日绿宝石专栏

赞“反腐零容忍”

数千年的反腐反贪，
这里为政界划了一条触底红线。

——题记

自从私有制社会产生以来，
家庭作为社会的基本细胞，
就有人把社会和他人的财产据为己有，
形成小贪、大贪和巨贪。

一部五千年的中国文明史，
记载着清廉与腐败的朝野斗争之史实，
墨迹点点斑斑。
人们发现，贪污与腐败是双胞怪胎，
贪污者一定腐败，
腐败者必定贪婪。

翻开历史的长卷，
反腐斗争曲折而艰难。
贪污者往往上下勾结，
清廉官员为国为民护法理财，
不畏强权。
当正义战胜邪恶，

落得身陷囹圄、身首异处的可耻下场
便是贪官。
也有侥幸逃过法网的，
那是因为贪官之上还有贪官。
也有人痛恨腐败的皇帝放过贪官，
那是因为亲情之网如金丝千缕难以剪断。
“刑不上大夫，礼不下庶人”，
致使贪官横行无端。

历史有过严刑峻法的皇帝，
出身贫寒的明太祖朱元璋，
为着根除朝廷腐败，
实施酷刑惩治贪官。
“剥皮实草”悬挂于州、县大衙，
可不久又有第二具尸皮出现。

中华人民共和国成立初期，
伟大领袖毛泽东为了严明法纪，
将两个曾经对革命有贡献的贪污犯处以极刑。
威慑了政界好些年，
政坛河清海晏。
二十世纪八十年代初，
中国进入了“改革开放”新时代。
农村的土地盘活了，
中小企业显现新的生命活力，
大型国企引领着时代风帆。

短短的几年，
祖国的大地上，
魔幻般出现座座新城。
江南、塞北

奇迹般涌出座座“金山”“银山”。
市场上的粮票、布票
与各种购物券废弃了，
亿万百姓的口袋里开始装着钱，
人口占世界四分之一的大国，
自己解决了穿衣、吃饭的问题，
这是新世纪出现的奇迹！
这是中国对世界人民做出的巨大贡献。

改革开放带来了祖国各项事业的高歌猛进，
高速公路在华夏大地上纵横舒展，
高速铁路在不断追赶世界发达国家，
人民军队日益强大，
国家的尖端科技飞速提级攀升，
“可上九天揽月，可下五洋捉鳖。”
中国人的智慧与创造力，
让欧美国家智囊团刮目相看。

改革开放是社会前进的总法则，
然而，征途上并不平坦，
涉激流，越险滩，
脚下步步蛰伏着各种机遇与挑战，
改革者凭着胆识与智慧，
闯关破隘一往无前，
旧制度不时被突破，
新思潮不断在涌现，
自然而然地出现
一些法律缺失，制度不全。
一些腐败分子钻法律的空子，
乘机敛财聚财。
有人行贿、索贿，有人受贿变贪。

有人利用红白喜事，搜刮百姓的钱财，
有人利用部分国企改制的机会，
对社会财物巧取豪夺，鳄吞鲸贪。
改革开放成了社会财富的催化剂，
国家外汇储备世界第一，
市场繁荣、社会稳定。
小康日子让老百姓幸福连年。

改革开放的红利，
本应属于全中国人分享，
却被少数人将其中一部分，
偷偷地装进自己的大钱袋。
他们大搞“权”“钱”交易，
“买官”“卖官”的风气如沉渣浮出水面。
当兵要送红包，
工作调动、择校、职务升迁要送红包，
没有红包，请你靠边站。
如何消受这轻松得来的钱，
跨境赌博，
多处炒房、养情妇，
挥金如土，酒地花天。
人被金钱异化为四肢动物，
眼睛不知长在头顶还是脸面前？
什么党纪、国法，
听而不闻，视而不见。

全国人民担忧呀，
我们鲜艳的红旗会不会褪色呀？
中国革命的航船可不要半途搁浅。
我们的党担心呀，党内出现了“蠹虫”“硕鼠”，
中国共产党的光荣传统，

能否继续发扬光大永世连绵？
长此以往，我们将失去民心。
“水能载舟，亦能覆舟”，
革命先烈用鲜血和生命换来的
新中国政权性质，
千万不能被少数人轻易演变！

早在新中国成立初期，
伟大领袖毛泽东就对党的高级干部严肃告诫：
“夺取全国胜利，这只是万里长征走完了第一步。
……
务必使同志们继续地保持谦虚、谨慎、不骄、不躁的作风，
务必使同志们继续地保持艰苦奋斗的作风。”
我们应时时铭记这一教导，
如警钟长鸣耳边。
老一辈无产阶级革命家，
就是艰苦朴素的践行者，
周恩来总理经常活跃在外事舞台，
只有两件外衣体面。
毛主席的睡衣破了又补，补了又破，
一件睡衣竟有十几个补丁。
他们严于律己，
为全党全军千秋之垂范。

改革开放以来，
我们党一手抓经济建设，一手抓反腐反贪，
每年都有腐败分子被揪出，
可新的腐败分子还在暗中滋生蜕变。
纪检干部上下求索真理，
反腐工作任重道远。

中国共产党十八大确定的中央领导班子，
站在新时代制高点远瞩高瞻。
以习近平同志为核心的党中央，
发出了斩钉截铁的动员令：
号召全党全民反腐反贪。
反对形式主义，反对官僚主义，
反对享乐主义，反对奢靡之风。
简政放权，提倡节俭。
改革开放到深水区，
反腐倡廉也进行到深水区。
“反腐零容忍。”
不能止步，永远在路上，
我们要继续向前！
这是马克思主义，还是机会主义的分界线。

“反腐零容忍”，
就是不怕碰硬，不怕得罪既得利益集团。
不管他的职位有多高，功劳有多大，
只要触到这根红线，
就要一查到底，彻底曝光不留情面！
说什么“皇亲国戚”，
道什么“芥子儿”大的官，
只要触到这根红线，
“老虎”“苍蝇”一起打！
法律准绳将“大虫”“小虫”一线拴。
让广大党员干部
不敢腐、不能腐、不想腐，
做清正廉洁模范。
谁担心中国高层政局不稳？
谁担心中国军队会乱？
我国绝大多数党员和干部都是好的，

腐败分子仅是少数形孤影单。
反腐倡廉深得党心民心，
广大群众、广大党员如后盾弥坚。
把权力关进制度的笼子，
弘扬时代的主旋律。
真正的马克思主义者，
不怕任何艰难与凶险。
正义的潮流，
必将成为当今时代的主宰！

我们的广大党员与干部，
通过党的群众路线教育活动，
“照照镜子”，“正正衣冠”
“洗洗澡”，“治治病”进行自我教育。
用一盆马克思主义圣洁的“甘露”，
清洗因私心积下的“污垢”
或因世俗蒙上的“尘埃”。
守住自己的精神家园，
自我革新，自我完善。
挺起“龙”的脊梁，
活出共产党人的浩然正气和不俗风采！

真正的革命者，
敢于亮出自己的资产，
将自己的家底，
放到蓝天下，让清风“吹吹”，阳光“晒晒”。
群众的眼光正义明亮，
彻底的唯物主义者无需怕这怕那，
心地光明磊落
才能挑起革命的重担。

那些将巨额财产，
转移到亲属、子女名下，
藏于幽室或埋在地下的人，
都是见不得阳光，心怀鬼胎。
有人以为退休就“平安着陆”了，
有人以为将资产转移到国外最安全。
其实都是“掩耳盗铃”心存侥幸。
世间妖魔千般变化，
怎骗得过孙悟空的“金睛火眼”？
世界上怕就怕“认真”两字，
共产党人最讲“认真”，
地球上已没有贪官的安乐家园。
你跑到哪里，我们就追到哪里，
你想逍遥法外，
谁也不能将你保全。
有人将妻子、儿女移居国外，
为自己抽身后退埋下“伏笔”。
以为“裸官”是平安的万全之策，
其实暴露了不法灵魂和丑恶嘴脸。
试问：
一个不爱国的人怎能为民克尽职守？
一个不爱国的人怎能当好人民的公仆？
一个不爱国的人怎能带领百姓致富，
一往无前？

请吧！
把职位让给政治清廉的人，
把权力留给忠于祖国、忠于党、忠于人民
的干部。
中国何止一个杨善洲？
中国有千万个沈洁，

中国有一代又一代焦裕禄。
世间自有英才出，装点江山娇万代。
经过风雨洗涤，
大地更绿，天空更蓝。
我们锐意改革，不断进取，
万众一心，与时共进，
奔向我们光辉灿烂、如花似锦的明天。

原载于《西双版纳报》2014年8月30日绿宝石专栏

西双版纳—祁东县两地情，一家亲

——看祁东慰问团演出有感（三章）

一　血缘纽带

挂历往前翻阅五十五年，
一个令人热血沸腾的年代。
党中央、毛主席这伟大的“红娘”，
将潇湘儿女“嫁”到澜沧江畔。
祁东青壮年继醴陵青壮年支边之后，
离开故乡的热土，
来到西南边陲的野岭荒山。
为了建设祖国的第二个橡胶基地，
斗“瘴”气，克万难，
开荒种植橡胶苗。
挥舞锄头砍刀，奉献忠心赤胆。
一天天，一年年，
改变着祖国边境河山、
北纬21°—24°植胶成功了，
产出了高产量、高品质的天然胶片。
支边儿女的卓著功勋，
为湖南家乡父老争了气长了脸。
从此，西双版纳与祁东县
结下了不解的血缘纽带。

继支边大军之后，
又有许多青年进入边境商海，
西双版纳一市两县，
到处都可以听到湖南的乡音，
这里世居民族都可以听懂部分湖南方言，
这里成了第二个“祁东县”。
我们是云南的湖南人，
我们也是湖南的云南人。

两地彼此牵挂，梦绕魂牵，
半个世纪了过去了，
“娘家”的父老乡亲还记挂着我们。
见到祁东县委、县政府派来的慰问团，
我们激动得脸发红，
我们激动得手发颤。
感谢，感谢呀！
家乡的亲人
与家乡派来的慰问团。
西双版纳—祁东县
两地一家激荡着浓浓情怀。

二　家乡的非物质文化遗产

那么熟悉的故乡，
过去只知道有草席、黄花菜、槟榔芋等土特产，
却不知还有非物质文化遗产。
早在五百多年前，
家乡就有了板凳龙、渔鼓与祁剧，
祁东人目光远大，敢为人先。
继承和弘扬祖国古文明遗产，
需要创新精神和排除万难。

改革开放的强劲东风，
吹绿了曲艺人大展身手的春天。
注入新时代精神，
古老的形式焕发出青春的光环。
金牌的曲艺节目，
金牌的曲艺演员，
祁东成为中国的曲艺之乡当之无愧。
曲艺需要人民，
富裕起来的人民，
更需要曲艺为生活增色添彩。

三　良心的碰撞

《我的爹娘》运用一个完整的故事，
向社会揭示一个深刻的主题，
穷人的孩子勤学苦读，
学业、事业有成后，
要不要去赡养一双残疾在身的亲爹娘？
年轻漂亮洋气的儿媳妇，
遇上土得掉“渣”的公公婆婆怎么办？
“天下谁人身不老？”
“莫要行孝亲不在。”
这里是良心在碰撞。
这里是生命在呐喊！
以最典型的事例，
在观众眼前活生生地演绎。
声情并茂，
义动衷肠。
剧中土话方言，
更增强了真情实感。
全场观众如痴似狂；

掌声阵阵，泪流满面。
《我的爹娘》精彩表演，
打渔鼓和祁剧交叉进行，
实现了表演形式的新突破，
剧情完美过渡，高潮迭起。
老汉我，
也常泪中带笑，
笑中泪眼蒙眬，
如一个顽童一般，似狂且癫。
《我的爹娘》，
一种尽善尽美的表现形式。
深刻揭示社会主题的忠孝篇。

原载于《祁东时报》2014年12月10日

不忘国耻，振奋未来

——纪念“七七事变”

中央电视台2015年7月7日晚播出的“纪念‘七七事变’，日军大举向中国腹地全面进犯，中国人民被迫对日进行艰苦卓绝的抗战”节目，引起了人们的深思。

中国受屈辱的历史，

激发中国人民不屈的斗志。

——题记

难忘的7月7日，
让中国人民的仇恨怒火重新燃起。
可恶、可憎、可恨的日本法西斯分子，
在罪恶占领中国东三省六年后，
日益膨胀的侵略野心令其铤而走险，
张牙舞爪扑向中华大地，
发动“七七事变”！

一时间，
大江南北，铁蹄蹂躏，
长城内外，刀光剑影。
城市乡村，血流成河。
家园被毁，生灵涂炭。

中国人民被迫在全国范围内
进行抵抗厮杀。
有血性的国民党爱国将领,
率中国士兵奋起保卫家园。
他们浴血在山隘,浴血在渡口,
血洒城市的小巷与大街,
他们奋不顾身,艰难杀敌,
尸骨成垛,血流飘杆。
国民党政府的腐败与退让政策,
让日军迅速占领华北、华中与华南。
日军为了全面与永久地占领中国国土,
将中国人民变成他们的奴隶,
他们穷尽“军国主义”和“武士道精神”,
各种残酷手段无所不用其极。
犯下了天理难容的种种战争罪行,
人神共怒,罪恶滔天!

他们在皇协军和汉奸的协助下,
对占领区的老百姓,
实施杀光、烧光、抢光政策,
灭绝人性,如虎似狼,
他们把无辜的老百姓当作射击的活靶子,
当作练战刀的活道具,
当成各种细菌的试验活体。
极其野蛮,极为嚣张。
他们强奸妇女,抢劫百姓的财物与粮食。
他们无所顾忌,活埋中国的老百姓,
犯下了天怒人怨的反人类弥天大罪!

中国共产党在民族危急时刻,

挽狂澜于既往，
扶大厦于将倾。
号召民众觉醒全面抗日，
“起来，不愿做奴隶的人们，
把我们的血肉，筑成我们新的长城”，
积极促进国共合作，
与各党各派结成最广泛的统一战线。
共产党领导的八路军，新四军，
依靠人民进行艰苦卓绝的抗日战争。
八路军、新四军与游击队，
活跃在平原，埋伏在山冈，
破袭铁路、公路，
出没在青纱帐，冲杀在敌占区广大后方。
“大刀向鬼子头上砍去！”
神出鬼没地消灭敌人的有生力量。

在全世界第二次反法西斯联盟国家
同心协力抗击下，
德、日、意法西斯联盟四处碰壁，
大规模折将损兵。
苏联红军攻占柏林后，立即回首东顾，
击溃了盘踞中国东三省十四年的日本关东军。

世界人民终于取得第二次世界反法西斯战争的
巨大胜利！
中国人民经过八年浴血奋战，
最终将侵略者赶出国门，
重新整理破旧河山。
时光荏苒，七十年过去了。
曾为发动第二次世界大战的轴心国——德国，
当今的国家领导人，

认真反思当年德军法西斯侵略战争罪行。
他们代表德国诚意向全世界人民谢罪！
各国人民广泛谅解、抛弃前嫌，
坐下来握手做朋友，
让世界在和平友好的氛围中
不断发展前行！

今天的日本领导人，
却是另一副横蛮的脸嘴。
从根本上否认日军十四年的侵华战争。
否认在中国与东南亚国家犯下
的种种战争罪行！

他们昧着良心修改中小学教科书，
竟然对日军入侵中国东三省与
卢沟桥事件只字不提。
将残酷而野蛮的侵华战争真相隐蔽，
只讲战争结果“日本国战败了”。
却不提战争原因与过程。
深深地隐藏着一颗可怕的殃民祸心。

日益右倾化的日本首相，
违背国民意志修改和平宪法，
通过日本保密法，
解禁日本集体自卫权。
首相和议员多次参拜“靖国神社”，
那里供有侵华战争多名甲级战犯，
把他们当作国家英雄顶礼膜拜。
“司马昭之心，路人皆知”，
其狼子野心昭然。
饱经战乱的中国人，

怎能不谋深虑远枕戈待旦。

日本政府不顾历史事实，
恬不知耻地宣传“钓鱼岛”是日本的领土。
竭力歪曲事实，
千方百计将国内外舆论欺骗，
他们宣传“中国威胁论”，
深度蒙蔽误导国内青年，
倡导“武士道精神”，
企图复活“军国主义”。

日本紧跟世界霸主美国的全球战略，
他们四处游说，
在亚洲拉帮结伙，
将武器出口国外，
他们将日本国再次当作战车，
推到了危险的战争边缘！
中国人民怎能忘，
日军侵华多么野蛮的“三光”政策！
怎能忘
让人心颤的尸骨成堆万人坑！
怎能忘
南京30万同胞被屠杀！
怎能忘
死于这场长期而浩大的罪恶战争的
国民几千万！
怎能忘
中国亿万人民因为长期战争饥寒交迫
挣扎在死亡线边缘！

今天的日本，

首相与大臣张牙舞爪，气势嚣张。
中国人民又将面临新的灾难。
他们围着钓鱼岛大做文章，
不断进行夺岛军演。
“中国人民的抗日战争还没有结束”，
全国的党政军民更要同仇敌忾！
纯洁我们的队伍，
清除党内、军内的贪污腐败。
振奋民族正气，
提高部队敢打必胜的战斗力，
全民准备打一场漂亮的保卫家国的自卫战！

倘若侵略者敢端着武器闯进来，
我们一定要他横着尸首抬出去！
“军国主义”“武士道精神”将日本军人
变成了“野兽”，
中国人民怎能仁慈将“野兽”当“人”看待？！
他来一个，我们杀一个。
他来一万，我们消灭他一万。
我们要报仇雪耻，“新账老账”一起算。
绝不让瘟神一般的侵略者，
好手好脚返回自己的家园！

是的
中国人仁慈善良，
这是中华民族的传统美德，
还记得
二战后日军战俘及随行人员200万，
平安回到自己的家园，
还记得
中日建交时，

“钓鱼岛搁置，待后人处理。”
中日建交并没让日本政府赔偿
战争损失亿万银圆。
还记得
日本国遭遇大地震，
中国援助日本国柴油、汽油各100万（吨），
难道，
这样一个有情有义的国家，
不值得尊重与友善吗？！

是的
中国的经济发展了，国力强盛了。
但是，中国不做“超级大国”，
欺小凌弱搞霸权。
永远奉行和平发展的外交政策，
与邻为伴，与邻为善。
那些宣扬“中国威胁论”的人，
是别有用心挑拨恶意离间，
千万别理解错了，
中国人善良绝不是软弱好欺的代名词，
中国人不挑事，不惹事，也不怕事！
泰山崩于前也不会心惊胆战。

别误会，
“三个中国人是条虫”，
那是旧中国贫困落后的时代，
人们为了各自的利益，
钩心斗角，亲朋相残。
现在，
“三个中国人是只虎”，
“三十个中国人是条龙”。

亿万颗中国人凝聚的心，
是荡涤一切污泥浊水的长江、黄河！
是抵御一切外侮的万里长城！
必将捍卫铁打的社会主义江山。

别痴心，
中国再也不会出现为虎作伥的“皇协军”
与认贼作父的铁杆汉奸！
封建、腐朽、落后的旧中国已成过去式，
强大的中国已今非昔比，
每一寸土地都在宣誓它的尊严。

在新一代中国共产党中央的坚强领导下，
中国人民“可上九天揽月，可下五洋捉鳖”！
不忘国耻，振奋未来。
中国的背后，
有全世界和平人士做强大后盾！
中华民族这艘巨轮，
必将在世界深蓝海洋的航行中，
乘风破浪，一往无前！

历史的车轮不会倒转

——抨击“3·01”暴恐事件三章

一 罪恶的“3·01”暴恐事件

如晴天霹雳，
似山崩地坍！
阳光明媚的3月1日，
谁能料想，
在花开四季的幸福春城，
在善良温和的平民百姓前，
突然闪着罪恶的刀光剑影，
霎时间，
血光飞溅！
一群蒙面人手执钢刀，
冲向车站无辜的候车人，
冲向大街上的男女老幼，
见人就砍！
一群人惨死在路旁，
一群人倒在火车站。
鲜血遍地横流。
哭叫声一片，
一声更比一声惨。
蛇蝎一般心肠的狂徒，

顷刻间罪恶滔天。

民警闻讯赶来，
冒着凶险冲向前。
不顾个人安危，
与歹徒搏斗在车站，
追捕凶犯在大街。
英雄鲜血长街洒，
终于制服罪恶的刀与剑。
“3·01”暴力恐怖事件震惊了寰宇。
北京在愤怒，
云南在哀思，
全国各族人民怒火冲天。

二　历史的车轮不会倒转

世界在进步，
时代在前进，
改革开放后的中国，
犹如一艘巨舰
乘风破浪，
正在扬帆。
为了全民奔小康，
国家加大了对“老、少、边”地区的
投入，
扶贫济困，
对口支援。
让革命老区、少数民族和边疆地区的
经济腾飞，人民生活不断改善。
新疆这块美丽但不富裕的地方，
也在发生巨变。

一小撮东突分裂分子，
却将屠刀挥向昆明，
企图在全球造成重大影响，
逼迫中国政府将现行政策改变。
他们想把新疆从伟大的社会主义国家
分裂出去，
让新疆重新回到落后贫穷的
半封建主义的旧时代。
新疆人民决不会答应，
中国政府绝不会妥协就范。

然而，
这一企图是多么幼稚，多么愚顽。
君不闻
“蚂蚁缘槐夸大国，
蚍蜉撼树谈何易。”
企图在中国搞颠覆的阴谋家们，
你们的见识是多么肤浅，
你们的智力是如此低下！
西方策划搞阴谋颠覆的政治家们，
请睁大眼睛看看吧：
中国不再是一百年前的“东亚病夫”！
中国不再是七十年前的弱国！
中国现在是“东方巨人”！
中国的GPD排行世界第二，
航天高端科技世界第三。
“神十”巡天，
“嫦娥”飞月，
“蛟龙”探海。
彰显中国的兴旺、强盛，

如日中天。
谁想搞分裂暴力活动?
无论是一小撮东突暴力恐怖分子,
还是故伎重演的国际恐怖组织,
所有的阴谋永远不会得逞。
睁开你的浑浊的双眼吧!
清醒你们利令智昏的头脑吧!
抛开你们低能、浅薄的战略吧!
伊拉克、利比亚的悲剧绝不可能
在中国重演!
请自以为是的外国战略家们记住:
历史的车轮绝对不会在中国倒转!

三　昆明，我们肩并着肩

昆明“3·01”惨案,
让珠峰滴血,
让东海流泪。
不仅是昆明之痛
也是全中国的国之殇。
这些丧尽天良的歹徒,
违背了人类的道德底线,
变成了不可饶恕的反国家
反人类罪犯!

春城的兄弟姐妹:
西双版纳傣乡人，同你们站在一起,
祖国的南国北疆人民,
同你们站在一起,
56个民族、13亿中国人同你们
站在一起

世界一切爱好和平，主持正义的人士
跟你们站在一起
昆明，
我们手挽着手，肩并着肩，
用心灵钢的意志，
筑成反暴反恐心的“钢铁长城”！
昆明3·01事件是一份极端的
反面教材，
它将使我们的
心地比任何时候都纯洁，
让我们的意志愈挫愈坚。
看吧！
中国人民将更加紧密地团结在
以习近平同志为核心的党中央周围，
昂首阔步
奔向更加灿烂辉煌的未来！

人民利益大于天

学习中央“两会”精神的体会（三章）

一　联系群众的金色桥梁

举起一座座大山的是广袤无垠的大地，
托起一艘艘巨轮的是浩渺无疆的海洋。
我们伟大的党啊，
犹如高高的山脉维系着大地，
犹如巨轮的底部依偎着海洋。
中国第十二届政治协商会第二次会议，
聚集全国五十六个民族各党派，
无党无派民主人士，共商国是。

这是中国民权、民生、民主精神的大发扬。
在长达九天的时间内，
两千多名代表发言踊跃，
人人争表衷肠。
为着实现中华民族伟大复兴，
88%的代表踊跃提案。
他们代表基层、代表民众，
把信任与期望投向
伟大的中国共产党。
亿万群众的力量似山，

亿万群众的智慧似海。
最大范围反映了人民群众的真实呼声，
最大程度表达了老百姓的真切愿望。
数千年来，
中国社会历史上哪有如此开明的政治，
世界上百个国家的政党的情怀。
哪有如此豁达宽广？
妙哉！
中国人民政治协商会议是中国共产党
联系群众的金色桥梁。

二　人民利益大于天

茫茫寰宇，
万事万物，莫大于天。
在社会主义中国的天平上，
民最重，官为轻，
人民利益大于天。
这是对人生的尊重，
这是对先哲“三民主义”的最大发扬，
这是对“为人民服务”的最好诠释，
她将人权推崇到极致顶巅。

2014年3月，阳光灿烂的北京，
“政协”“人大”两会精神，
集中反映了“解民意”“惠民生”的
重大主题，
表现了中国共产党人的博大胸襟与情怀。
请看：
改革开放继续深入推进，
进一步激发内需活力，

更勇敢走向世界市场。
降低“主体市场”准入门槛，
“法无禁止即可为，法有规即不可为”。
项项惠民政策暖透百姓的心田。
多么雄浑的气魄！
多么坦荡的胸怀，
政府把握导向，
加强引领、监管、服务，
激发民间活力，
催生人民群众最大的积极性与创造性，
社会财富的出现犹如地下喷泉。
还有，
“铁腕”“铁规”“反腐倡廉”，
千方百计维护纳税人的基本权益。
“立体”防污、治污，
何等雄阔、睿智的决策！
让山更绿，水更清，天更蓝，
人民群众生活在更加美好的环境下，
健康延年福寿绵绵。

还有还有……
政清则民富，
民富则国强，
中华民族的伟大复兴事业，
指日可待。

三 强国进行曲

一首军队的进行曲，
是鼓舞士气英勇杀敌的号角，
是激励战士摧枯拉朽的强大思想武器，

是一面指引将士攻城略地的无形旗帜！
“两会”描绘的国家宏伟蓝图，
是一首强军强国的进行曲。
简政、放权，
创造、革新，
关闭严重污染企业，
削减钢铁、煤炭过剩产能，
提升科学软实力。
探深海，
巡太空，
科学之花正在神秘领域争相绽放。
划领空，
卫海岛，
南海海空立体巡逻，
舰船庄严飘扬着五星红旗。
秣马厉兵，
强军强国，
中国正在进行时。
开辟陆地海上“丝绸之路”，
“一带一路”沿线一带国家享受
经济繁荣，和平安定
和中国数千年的文化情趣。
推行“创新、开放、全球治理”理念，
中国经济引领世界的潮流
不断与时进取。
听！
新的号角已经吹响，
全国五十六个民族、十三亿人民，
在中国共产党的正确领导下，
正昂首阔步，
在复兴中华的康庄大道上奋勇前进。

永远的丰碑

——怀念“云岭楷模”召存信老州长

从雪山走来的澜沧江—湄公河千里扬波
蜿蜒曲折，纵贯六国土地
奔向浩渺的海洋。
闪闪波涛里流淌着无数动人的故事
和美丽神奇的梦想。

祖国南疆的绿宝石——西双版纳，
千年《贝叶经》吟唱的“人文王国”，
因为有傣家人的优秀儿女，
更加闪闪发光。

出生在世袭土司家庭的召存信，
却从小怀着救国救民的伟大理想。
一生充满传奇色彩的他，
刚进入弱冠年龄
就担任了抗日中队长。
带领傣乡的少数民族爱国青年，
冲杀在抗日斗争第一线
勇敢地驱逐罪恶的“东洋”。

解放前夕，他虽然担任勐捧的土司
与车里宣慰司的召景哈，
都与民主人士鲁文聪一起
组织了反蒋武装。
一举夺取了车佛南三县的伪政权。
他怀着一颗赤诚的心，
带着自己的队伍，
上普洱寻找共产党。

1953年，西双版纳自治州成立，
召存信担任了第一任州长，
他满怀信心面对未来，
果断地向人民政府
交出自卫队的300多条枪。
他宣布从此放弃召景哈。
人民群众欢呼，
时代精神在振奋发光。

1957年召存信光荣地加入中国共产党。
他投入党的怀抱，
实现了青年时的美好理想。
正义的阳光照耀着他茁壮成长，
他心里不仅装着西双版纳，
还装着复兴中华的伟大梦想。
为了保护妇女和儿童，
他亲自主持制定了
《关于在傣族中禁止迫害“琵琶鬼”》和
《哈尼族禁止杀害双胞胎》的单行条例。
从此废除了州内两大民族的千年陋习，
让文明与科学在西双版纳放射光芒。

二十世纪六七十年代，
为了开发热区资源，
建设祖国第二个橡胶基地，
欢迎来自湘江两岸的支边队伍，
真情接待各大城市的知识青年，
召州长敞开了炽热的胸膛。

内地和大城市的文化因子，
与边疆本文化因子的一次次碰撞，
提升边疆文化的内涵，
千年古韵续写新的华章。

面对个别村寨狭隘的民族主义情绪，
召州长敏锐地指出：
边疆的发展与进步，
离不开内地的支持与帮助；
农垦橡胶事业的发展，
离不开边疆各族人民的支持，
两个“不离开”这简单朴实的理论，
彰显辩证唯物主义在边疆民族工作中的
融合与弘扬。

国营农场职工以坚忍不拔的勇气与毅力，
在北纬21°—24°之间的高纬度地区，
打破国际植胶“禁区”，
成功地大面积种植了高产稳产的天然橡胶，
数百万亩胶林在连绵起伏的群山碧波荡漾。
农场职工和村寨中的少数民族群众
都立下了汗马功劳。
召州长与自治州政府的坚定支持，
是橡胶基地建成最坚强有力的保障。

召州长心里明白：
人民群众是国家的主人，
国家干部是人民的公仆。
他把普通群众当作自己的亲人，
自己的家也是各族人民依靠的“港湾”和歇脚场。
他在家里给乡下普通民族群众安排食宿，
他的办公室允许普通老百姓进进出出。
召州长把根永远植于人民群众之中，
足见他的心地多么宽阔与敞亮。

他宽以待人，严予律己，
组织上配给他的工作用车，
从不允许家人使用或乘坐“借光”。
当了几十年的州长，家中只有普通电器
与竹木旧家具。
客厅里摆设没有半点奢华与铺张。
他一身正气，两袖清风。
毛泽东思想融入了他的血液，
两个“务必”如两盏红灯在心中无比亮堂。

召存信在四十年的州长生涯中，
先后与外来的十六位州委书记和睦相处，
把西双版纳的发展大计同声唱响。
建澜沧江大桥，修民用飞机场，
修发电站，建茶厂、糖厂、胶厂，
……
幸福生活的滋味如美妙歌声，
悠扬着千家万户余音绕梁。

党中央器重他，

毛主席欣赏他。
召州长身上的担子不断增加，
他与共和国一起成长。
他是全国人大一至七届代表，
全国政协八届、九届的常委。
为了群众的福祉和国家繁荣昌盛，
他每天工作千头万绪，从早忙到晚，
浑身充满正能量。

四十年领导岗位的磨炼与考验，
召存信成为一个
对党忠诚的典范，
民族团结的楷模，
爱民亲民的标杆。
他曾百余次受到党和国家领导人亲切的接见，
先后荣获“全国民族团结进步先进个人”
与“云岭楷模”的光荣称号，
成为全党全军全民学习的光辉榜样。

他实实在在做人，
干干净净为官，
踏踏实实做事。
不仅是傣族人民景仰的领袖，
也是全州人民崇敬的好领导。
他的威望在西双版纳日渐增长。

建州四十年的艰苦奋斗，
为西双版纳大发展奠定了良好的基础。
他犹如一艘万吨巨轮，
正在“黄金水道”全速驶向光辉灿烂的前方。
昨日贫穷落后的“蛮荒之地”，

今天盛开文明富裕之花。
昔日人们谈之色变的“瘴疠之区”，
如今成了各族人民幸福的天堂。
圣洁的泼水节，
商情与友谊并重的“边交会”，
将幸福辐射到邻国，
山高水清，源远流长。
以“植物王国”“动物王国”驰名中外
的西双版纳，
悄然跻身全国的“长寿之乡”。

退休后，
老州长仍怀着一颗伟大的爱心。
关心每项新兴事业的诞生与发展。
关注人生道路上的踯躅独行者，
给强者以智慧，让弱者变得坚强。
记得1992年秋，
我响应农垦分局党委“干部下海创业”的号召，
创办了“清虚气功推拿诊所”。
开业的那天，
老州长和州里其他领导来了，
他满面春风，
和新州长一起
前来给诊所揭牌。
握着他一双温暖的大手，
我浑身热血沸腾，
“停粮断奶”坚定往前走，
没有半点胆怯与彷徨。

还记得2012年春，
我出版一本《溪水弯弯》的书，

老州长在健康欠佳的情况下，
仍满腔热情地为书写下题词：
“愿弯弯溪水流入傣乡各族人民的心田。”
顿时，
我感觉有种“醍醐灌顶”的温馨，
一股暖流从头顶直注到脚下，
激动得脸上泛着红光。

谁也没有想到，
这样一个浑身充满爱能量的人，
怎么突然离我们而去？
此刻，有谁能回答？！
2015年1月25日清晨
是全州人民送别老州长的时刻，
我与老伴想去和老州长最后说说话，略表衷肠。

老州长平时对我们的关怀，
一幕幕出现在我的眼前，
如一幅幅滚动的画面投影在银幕上。
我开着一辆三轮电动车带上老伴，
毅然向殡仪馆出发。
在山间公路上，避开密集的来车，
不顾一切往前闯。

上百辆小车停满进山公路和馆内停车场。
千百人头攒动，人们在低声耳语说话，
轻些，话语再轻些，
莫要惊扰老州长的梦乡。
敬爱的老州长啊，
我们来看您了。
我们怀着悲痛的心情，

将小花别在胸前衣服扣子下，
按照傣家的风俗，
每人用一根长着三叶的鲜枝，
分别包裹辣子、糯米饭与盐茶。
我们手捧着新鲜金菊花和黄线香，
跟在密密麻麻的人群后面，
在悼念厅前静静地等着，
树叶落在地上都能听到声响。

大佛爷们在里面高声诵经，
超度召存信老州长。
最先向老州长告别是省上的来宾，
州、市、县新老主要领导紧随其后，
谁都一声不响。
终于，我们走进了大厅，
见到安详地躺在鲜花丛中的老州长。
老州长啊，
您为人民，为革命操劳了一辈子，
人民群众不会把您忘。

在老州长的遗体前，
我们献上手中的金色菊花和黄线香。
我哽咽地说：
“尊敬的老州长，我们代表儿孙全家来为您送行。”
老伴早已泪流满面，无比悲伤。

尊敬的老州长，
虽然您离开了我们，
我们会化悲情为力量。
在我们的心中，永远活着您的光辉形象。
您是党的好儿子，

您是傣家人的骄傲，
您是西双版纳人民心中一座永远的丰碑。
您犹如一颗“恒星”升起
在长空里永远永远地发着明亮的光。

后 记

写农垦人，记农垦事，是我这个老农垦一直以来的情怀。

二十世纪五十年代末六十年代初，湖南醴陵、祁东县青壮年坚决响应党中央、毛主席的号召，为开发热区资源，建设祖国第二个橡胶基地，来到西双版纳艰苦创业。我也是那时来支边的年轻人之一。

在这五十多年的时间里，我经常听到许多老农垦及第二代农垦人忘我劳动、拼命工作，或公而忘私、舍己为人，或勇挑大梁、敢创大业，或勤奋工作、默默奉献的动人故事。

我多么想用手中的笔，将他们的故事一个个生动地再现。让他们艰苦创业的农垦精神在社会上流传开来，让他们的崇高精神在历史的长河中留下一点印记。也许我做不到，但我愿做出努力。

我六十岁以后，终于有时间闲下来。除外出旅游外，有时间看看书，写点小文章，偶尔在报刊、杂志上发表，逐渐形成一种习惯。我开始留意观察周围的人与事。发现我的朋友圈里，好些农垦人身上有闪光的宝贵东西，有动人的故事，有令人难以忘怀的崇高精神。

于是，我去采访他们，走进他们的内心世界。将那些让我感动得闪动泪花的故事写出来，通过书、刊、杂志等渠道进行发表。这是我写这本书的基础。

在这五十多年的光阴里，我国发生了翻天覆地的变化，特别是改革开放以后，中国在政治、经济、文化、科技等领域发生了重大的变革，处处涌现惊人的奇迹，让人目不暇接，令我常常惊叹！

而这奇迹的创造者，许多人艰苦奋斗，毕生追求事业，为了民族的崛起，为了人民的幸福而鞠躬尽瘁。

我深深被他们的事迹所感动，为伟大的时代精神所感动。我要用一支流淌真情的笔，为他们点赞，为时代高歌。

几十年的工作与生活，使我深深爱上第二故乡——西双版纳。但我是湘江边来的人，对潇湘大地的家人、山水、文化总有挥之不去、割舍不断的浓浓的乡音、乡情与乡愁。它必然在我平日的话语里、文章中流露出来，这是我激情走笔的缘由。

在党的十七大、十八大精神的指引下，社会主义的主旋律愈来愈雄浑、激越。

改革开放不断深入，反腐倡廉永无止境。产业转型，低碳环保。精准扶贫，同奔小康。立政为民，永远勤政。航空航天，提升国力。多元外交，富国强兵。共圆中国梦，华夏再腾飞。

在这万紫千红的百花园中，因为精力、笔力有限，我只能采撷一二。用十分的虔诚，十二分的崇敬，真情放歌。

由于本人水平有限，文章中难免有意未达，理未穷，笔墨粗糙之处，敬请读者批评指正。

在这里，我要感谢老朋友鄢家骏先生、刘云湘先生和王军健教授，他们对这本书的出版给予了热情的关注和具体的指导。真挚地感谢西双版纳州湖南商会所给予的大力支持。感谢所有关心和支持这本书出版的领导与同志。

作　者

2017年7月30日